Irmela Erckenbrecht und Rainer Lutter

Der Spielgarten

Gedruckt auf
100% Recyclingpapier

Irmela Erckenbrecht und Rainer Lutter

Der Spielgarten

Naturnahe Erlebnisräume für Kinder im Garten

Bewegen • Verstecken • Entdecken

Illustrationen von Margret Schneevoigt

pala verlag

Inhalt

Hereinspaziert …

… in einen Garten voller Abenteuer und Spielideen, mit schönen Plätzen zum Toben und Verstecken, Naschen, Spielen und Klettern!

Wir zeigen Ihnen, wie Sie auch in Ihrem Garten naturnahe Spielbereiche für Ihre Kinder schaffen und ihnen selbst auf begrenztem Raum unvergessliche Erlebnisse mit und in der Natur ermöglichen können. Ihr Garten wird so zu einem Lieblingsort für die gesamte Familie – ein Ort, an dem sich Groß und Klein wohlfühlen und den verschiedensten Bedürfnissen nachgehen können.

Alle Gestaltungsvorschläge setzen auf natürliche Materialien und stellen das ganzheitliche, freie und spontane Spiel in naturnaher Umgebung in den Vordergrund. Anders als vorgefertigte Spielgeräte aus dem Bau- oder Gartenmarkt, die feste Bewegungsabläufe und Spielinhalte vorgeben, fördern unsere selbst gebauten »Spielplätze« den kindlichen Forschungsdrang, die freie Bewegung und die unbegrenzte Fantasie. Durch ganzheitliche Umwelterfahrungen im Umgang mit Tieren, Pflanzen und natürlichen Materialien wächst das Naturverständnis. Beim

Riechen, Fühlen, Schmecken, Hantieren und Experimentieren entfalten sich alle Sinne. Auch die Geschmacksnerven werden wachgekitzelt. Die Beteiligung an Gartenaktivitäten weckt das Interesse an Obst und Gemüse, die Ernährungsgewohnheiten verändern sich positiv. Und in einer Umgebung, in der sie selbst aktiv werden, selbstständig planen und fantasievoll handeln können, entwickeln Kinder Selbstvertrauen und soziale Kompetenz. Aber auch das Bedürfnis nach Rückzug soll nicht zu kurz kommen. Kinder können lernen, Ruhe und Kraft aus der Natur zu schöpfen. Schöne Verstecke und ungestörte Spielbereiche, die sich der direkten Beobachtung der Erwachsenen entziehen, sind für Kinder ebenso wichtig wie offene Gartenbereiche, die sich alle Familienmitglieder nach Lust und Laune teilen.

Die große Bandbreite unseres Angebots:

- Ein Wackelsteg aus schwingenden Eichenbohlen lädt zum fröhlichen Springen und Schwingen ein.
- Ein Wasserspielplatz mit Kies und Findlingen macht Lust auf Dämme, Wasserlöcher, Brücken, Flüsse und jede Menge Matschereien.
- Am Tierbeobachtungsteich kommen Kinder krabbelnden, summenden, fliegenden und schwimmenden Gartenbewohnern nahe.
- Im Sandspielbereich können sie kreativ bauen, buddeln und ihre Spielwelt immer wieder umgestalten.
- Eine Gummibärchenspirale, ein Naschplatz und ein Picknickplatz bieten die vielfältigsten Geruchs- und Geschmackserlebnisse.
- Eingestreute Bastelideen wecken die Kreativität und schmücken Garten und Spielbereiche.
- In Spielgebüsch, Weidentipi oder Baumhaus dürfen Kinder für sich sein, sich in Rollenspiele vertiefen, sich verstecken oder einfach einmal ungestört ausruhen.
- Ganz viel Spaß und Bewegung schließlich versprechen Kletterparcours und Balancierparadies.

Aus all diesen Ideen für naturnahe Spiel- und Erlebnisbereiche können Sie sich aussuchen, was zu Ihnen, Ihren Kindern und natürlich auch in Ihren Garten passt.

Ein wenig handwerkliches Geschick brauchen Sie schon, um die Ideen umzusetzen, aber mit ein wenig Geduld und Beharrlichkeit ist alles auch für Laien gut nachbaubar. Platz-, Material- und Werkzeugbedarf sind jeweils angegeben und alle Arbeitsschritte werden ausführlich erklärt. Auch verschiedene Baudetails und der Sicherheitsaspekt kommen nicht zu kurz.

Auf diese Weise führen wir Sie von der Idee bis zum fertigen Spielgarten, auf den Sie und Ihre Kinder sich jetzt schon freuen können.

Kommen Sie mit in diesen schönen Garten – ein Familien- und Kinderparadies!

Herzlich,

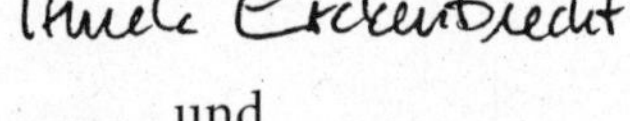

und

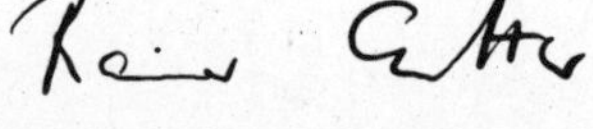

»Kinder, geht raus, spielen!«

So klingt es uns noch heute in den Ohren, wenn wir an unsere Kindheit denken. Unvorstellbar, dass unsere Eltern uns bei halbwegs passablem Wetter zu Hause in der Bude hätten hocken lassen. Es war selbstverständlich, dass wir Kinder stundenlang durch die Gegend stromerten, über die Wiesen tobten, uns im Wald Buden bauten, in Gummistiefeln durch die Bäche wateten, von Bäumen und Sträuchern (und manchmal auch heimlich im Garten der Nachbarn) Früchte und Beeren naschten und abends herrlich müde, hungrig und mit aufgeschürften Knien nach Hause zurückkehrten.

Ein wunderschöner Widerhall dieser kindlichen Freiheit inmitten einer alle Abenteuer dieser Welt bietenden Natur findet sich in den Büchern über die »Kinder aus Bullerbü« der schwedischen Schriftstellerin Astrid Lindgren. Sie beschreibt eine Welt, in der die Kinder ihre natürliche Umwelt nach Herzenslust erkunden, gestalten und mit spielerischem Leben füllen.

Achten Sie bei der erneuten Lektüre dieser genialen Bücher – z. B. beim abendlichen Vorlesen mit Ihren Kindern – einmal bewusst auf die Rolle der Eltern. Sie agieren vollkommen ruhig, lassen die Kinder gewähren und halten sich ganz im Hintergrund, bieten einen zuverlässigen Rahmen aus Freiheit, Liebe und Geborgenheit, in dem die Kinder sich frei und unbeschwert entfalten können. Entsprechend souverän und voller Neugier und Lebensfreude bewegen sich die Kinder in der sie umgebenden Natur.

Heute dagegen hören wir, Kinder könnten nicht mehr auf einem Bein hüpfen oder auf Baumstämmen balancieren. Sie wüssten nicht, wie eine richtige Erdbeere oder eine frisch aus dem Boden gezogene Möhre schmecke. Sie hätten noch nie Erbsen ausgepalt und noch keine Kaulquappe gefangen. Kühe würden sie sich lila vorstellen und sie könnten eine Eiche nicht von einer Birke unterscheiden. Stattdessen würden sie täglich viel zu lange vor dem Fernseher oder dem Computer hocken. Sie seien in straffe Freizeitprogramme eingebunden, ihre Lernerfahrungen fänden in von Erwachsenen vorstrukturierten und vor allem zweckgebundenen Zusammenhängen statt (Nachhilfe, Musikschule, Ballettstunden usw.). Und selbstverständlich würden sie dabei mit dem Auto von einem Termin zum anderen gefahren.

Tatsächlich sind Naturwissen und Naturerfahrung nicht mehr selbstverständlich für heutige Kinder. Einen Großteil ihrer Zeit verbringen sie in geschlossenen und betreuten Räumen. Die Aufrüstung der materiellen Welt verstellt die Sicht auf die Natur und macht die Kindheit bewegungs- und erlebnisarm. Computerspiele und das Fernsehen müssen für Ersatzerlebnisse herhalten. Dabei besitzen Kinder eine angeborene Neugierde, um sich ihre Umwelt anzueignen. Werden ihnen in ihrer realen Umgebung

hierfür keine Spielräume gegeben, bleibt ihnen manchmal gar nichts anderes übrig, als in virtuellen Welten Abenteuer zu erleben – mit den bekannten Folgen.

Denn die Abgeschnittenheit von der Natur und der zweckfreien Erprobung der eigenen Kräfte und Fantasien führt allzu oft zu Zappeligkeit und mangelnder Aufmerksamkeit. Immer häufiger schlagen Fachleute Alarm, sprechen von »Erfahrungstaubheit« und einem »Naturmangel« der Kinder. Stellvertretend für viele warnt der Biologie und Naturphilosoph Andreas Weber: »Ohne die Nähe zu Pflanzen und Tieren verkümmert ihre emotionale Bindungsfähigkeit, schwinden Empathie, Fantasie, Kreativität und Lebensfreude.« Und der Schweizer Kinderarzt Remo Largo ist berühmt für seinen Ausspruch: »Im Wald ist kein Kind hyperaktiv!« Kinder haben ein weit größeres Bedürfnis, sich zu bewegen, als Erwachsene. Im Tierreich ist das genauso. Nur wenn Kinder ihren natürlichen Bewegungsdrang ausleben dürfen, können sich Motorik, Körper und Geist frei entwickeln.

Wie es zu diesem grundlegenden Wandel von Kindheitserfahrungen kam, können wir hier nicht erschöpfend klären. Aber wir können der Entwicklung etwas entgegensetzen. Wenn wir früh genug damit anfangen, haben wir in unseren Kindern ganz natürliche Verbündete: Kinder lieben die Natur – und sie brauchen sie! Wir müssen sie nur bewusst dazu ermutigen, durch Feld, Wald und Wiese zu stromern, und ihnen dazu die nötige Freiheit und reichlich Gelegenheit geben. Wir können ihnen Freude an der Bewegung und der Natur vermitteln, können ihnen die Freiheit geben, draußen in der Natur wieder ein Stück weit zu »verwildern«. Selbst im eigenen Garten können wir damit anfangen, können ordentliche, für Kinder aber leider völlig langweilige Flächen umwidmen und unseren Kindern naturnahe Spielräume schenken, in denen sie sich nach Herzenslust ausprobieren und austoben können. So kann zumindest ein Teil des Gartens zum spannenden Abenteuerspielplatz werden. Kinder können direkte Erfahrungen mit der Natur sammeln und ganz nebenbei ihre Sinne, ihre Koordination und ihre Muskeln stärken.

Dieses Buch möchte Ihnen dafür die nötige Hilfestellung geben. Selbst im kleinen Reihenhausgarten ist Platz für unsere erprobten Bauprojekte aus natürlichen Materialien, die von Kindern aller Erfahrung nach gern bespielt und mit Begeisterung in Besitz genommen werden. Ob Land- oder Stadtgarten, Innenhof oder Grünfläche – spielerische Elemente lassen sich überall einbauen. Wählen Sie aus, was zu Ihrem Garten und Ihren Kindern am besten passt. Die genauen Anleitungen und Beschreibungen vereinfachen das Nachbauen.

Es ist also alles bestens vorbereitet. Sie brauchen nur noch zu überlegen, wo in Ihrem Garten Sie welche Spielidee umsetzen wollen, um jederzeit sagen zu können: »Kinder, geht raus, spielen!«

Ein Garten für Groß und Klein

Welche Wünsche verbinden die Familienmitglieder mit dem eigenen Garten? Was erwarten sie von ihm? Erwachsene suchen erfahrungsgemäß vor allem Ruhe und Entspannung. Möglicherweise wollen sie schöne Blumen pflanzen oder auch das eine oder andere Gemüse ziehen. Sie sehnen sich nach hübschen Sitzecken und nach außen abgeschirmten Gartenbereichen, in denen sie in Ruhe lesen, dösen, Kaffee trinken und mit anderen Erwachsenen reden können.

Kinder dagegen haben vor allem einen schier unerschöpflichen Bewegungsdrang. Sie wollen rennen und klettern, schaukeln und balancieren, buddeln und mit Wasser plempern. Sie haben einen Riesenspaß an Begegnungen, selbst mit kleinsten Tieren. Sie basteln gern spontan mit allem, was sie im Garten finden können, rühren bunte Suppen aus Blütenblättern, funktionieren Schilfstängel zu Speeren um oder bauen Sprungmatten aus dicken Blätterhaufen. Sie begeistern sich für Pflanzen, die schnell wachsen und ansehnliche Erträge bringen. Und sie naschen für ihr Leben gern ganz unkompliziert direkt von Bäumen, Sträuchern oder Beeten. Natürlich suchen aber auch sie Ruhe und Abgeschiedenheit. Sie lieben lauschige Rückzugsgebiete, in denen sie ungestört ihren Rollenspielen nachgehen können. Manchmal wollen sie sich einfach nur zurückziehen und sich für eine Weile aus der zuweilen auch für sie doch recht anstrengenden Welt ausklinken.

Die Wünsche und Erwartungen der verschiedenen Gartennutzerinnen und -nutzer können also durchaus recht unterschiedlich sein. Bei der Planung naturnaher Spielangebote im eigenen Garten ist dies unbedingt zu berücksichtigen. Legt jemand Wert auf eine ausgetüftelte Gartengestaltung mit akkurat angelegten und gepflegten Beeten, tut er sich möglicherweise schwer damit, Kindern zu erlauben, nach Herzenslust in seinem Garten herumzubuddeln und zu matschen. Und wer nach der Arbeit auf der Gartenbank in Ruhe Zeitung lesen und entspannen will, findet es nicht so schön, wenn ihm Fußbälle oder Indianerpfeile um die Ohren fliegen.

Wie immer im Familienleben sind Kompromisse gefragt. Hilfreich ist es, schon bei der allerersten Planung Kinder- und Erwachsenenbereiche gegeneinander abzugrenzen, ohne freilich das Miteinander zu kurz kommen zu lassen. Von Anfang an sollte möglichst klar sein, wer sich wo ausleben darf, ohne die jeweils anderen grob zu stören. Ebenso wichtig sind aber natürlich auch die untereinander ausgehandelten und abgesprochenen Grenzen. Wo ist der Spielbereich der Kinder zu Ende? Welche Blüten dürfen gepflückt, welche Pflanzenteile abgebrochen werden? Müssen Tobepausen eingehalten werden (z. B. wenn die Eltern von der Arbeit nach Hause kommen oder die Nachbarin ihren Mittagsschlaf hält)? An welche Grundregeln sollten sich auch

Kinder, die zu Besuch sind, halten? Und welche Abmachungen müssen die Eltern befolgen (z. B. nicht das Kinderbeet »aufräumen«, weil sie es »unordentlich« finden)?

Wie teilen wir uns den Gartenplatz?

In der Abbildung auf der nächsten Seite sehen Sie ein gelungenes Beispiel für ein harmonisches Miteinander von Groß und Klein in einem gemütlichen, abwechslungsreichen Garten.

Schon auf den ersten Blick fällt die schwungvolle, an der Spiralform orientierte Gestaltung ins Auge. Den »Nabel« des Gartens bildet denn auch die gleich an der Terrasse gelegene, um einige Küchenkräuter ergänzte Gummibärchenspirale. Von ihr aus führen mehrere Wege wie geschwungene Speichen eines Rades in die verschiedenen Gartenbereiche.

Auf dem Sandspielplatz können kleinere Kinder von der Terrasse aus gut beaufsichtigt werden. Auch der parallel zu einem der Wege verlaufende Bachlauf ist von der Terrasse aus leicht einzusehen. Hier können die Kinder Wasser stauen und Bötchen fahren lassen. Der angrenzende Wasserspielplatz bietet reichlich Gelegenheit zum kreativen Spiel mit Wasser und Kieselsteinen. Auf der Wildblumenwiese gibt es viele schöne, von Schmetterlingen und Hummeln gern besuchte Blüten zu entdecken. Einen verschwiegenen Rückzugsort bietet den Kindern das Strauchhaus in der Gartenecke.

Zwischen Wildblumenwiese und Rasen steht eine bequeme Feierabendbank, von der aus man den Blick auf den Garten und zurück zum Haus genießen kann. Auf dem quer über den Rasen führenden Wackelsteg können sich die Kinder austoben. Ein Gang durch die Beerensträucher-Allee verheißt leckere, unkomplizierte Gaumengenüsse. Auch von den Säulenobstbäumen können Kinder wie Erwachsene sich schöne, reife Früchte pflücken.

Die Beete im Naschgarten tragen zur Frischkostversorgung in der Küche bei und vermitteln den Kindern erste Erfahrungen beim Anbau ihrer liebsten Gemüsearten. Die Erwachsenen finden ihr Gärtnerglück im Rosenbeet und im Steingarten. Von einer grünen Schnitthecke aus Feldahorn oder Hainbuche, reichblühenden Heckenrosen, Sträuchern und Spalierobst wird der Garten sehr hübsch eingerahmt.

Natürlich sind viele andere Aufteilungen und Gestaltungsmöglichkeiten denkbar. Auch die Frage, ob Sie tatsächlich gleich mehrere Spielangebote schaffen oder sich nur ein oder zwei Projekte herausgreifen, ist ganz Ihnen überlassen. Entscheidend sind natürlich auch das Platzangebot und die konkreten Gegebenheiten in Ihrem Garten. Überlegen und planen Sie gemeinsam mit Ihren Kindern, bis Sie eine Lösung gefunden haben, mit der alle Seiten zufrieden sind.

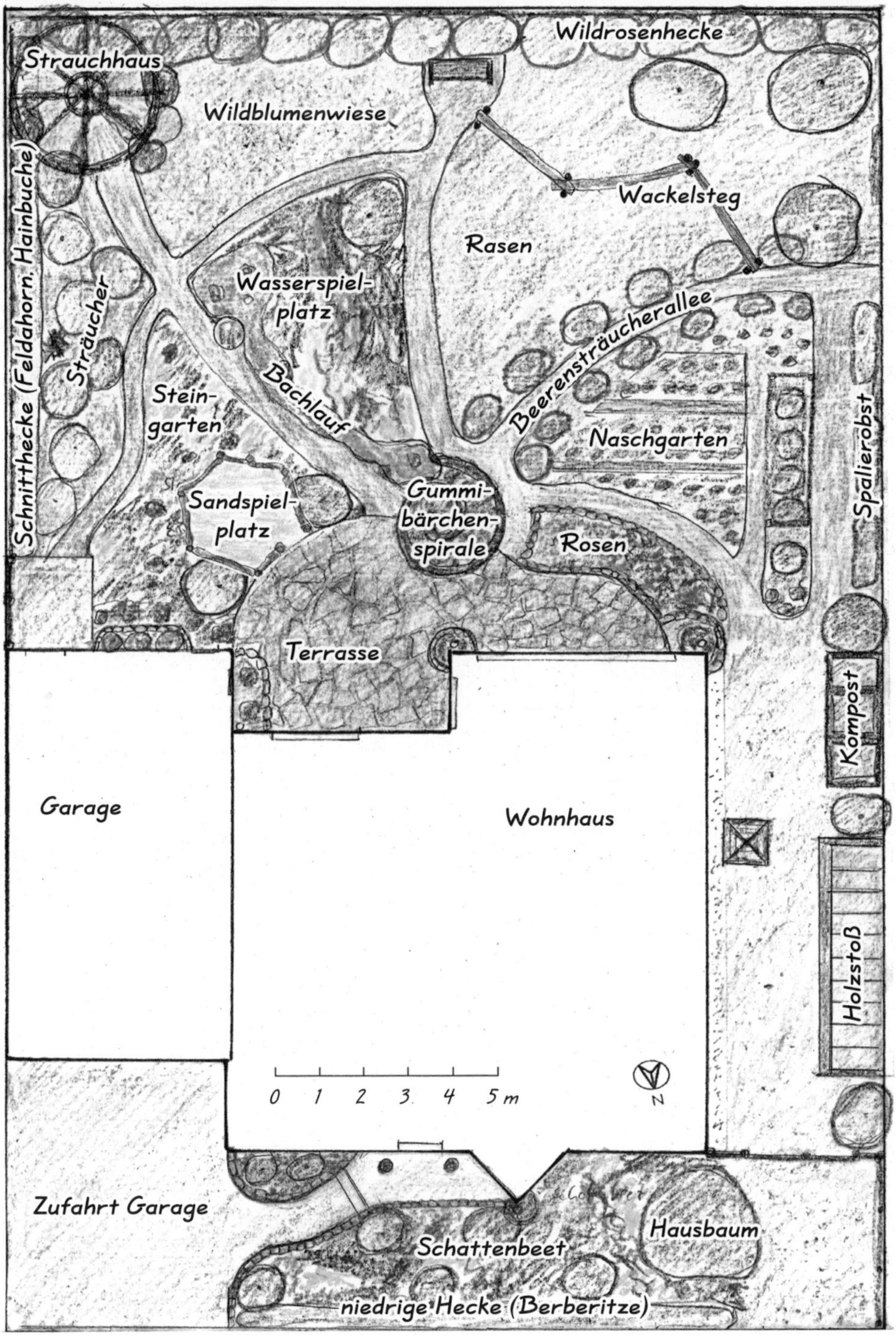

Im abwechslungsreichen Familiengarten fühlen sich Kinder und Erwachsene wohl.

Kinder spielen anders – und finden andere Dinge schön

Erwachsene spielen zielgerichtet und nach festen Regeln. Kinder dagegen sind beim Spielen völlig offen. Sie probieren Dinge aus, entscheiden sich je nach Bedürfnis plötzlich um und lenken ihr Spiel spontan in eine neue Richtung. Um dem entgegenzukommen, sollten auch die Spielräume, die wir ihnen im Garten anbieten, in vielerlei Hinsicht offen sein. Sie sollten nicht zu viel Struktur vorgeben, sondern nur eine Grundlage bilden, auf der sich möglichst viele Spieloptionen entfalten können.

Denken wir zum Beispiel an den naturnahen Wasserspielplatz und vergleichen wir ihn mit den zusammensteckbaren Plastik-Wasserstraßen mit vorgefertigten Schleusen und Brücken, die man im Spielzeugladen kaufen kann. Mit Wasser zu spielen macht immer Spaß. Aber das Interesse wird rasch nachlassen, wenn alles Vorgegebene nachgespielt und die von vornherein beschränkten Möglichkeiten erschöpft sind.

Der naturnahe Wasserspielplatz dagegen verspricht unbegrenzten Spielspaß. Hier gibt es immer wieder etwas zu verändern. Die Kinder können Mulden buddeln, kleine Wasserstellen anlegen, Inseln schaffen, Dämme errichten, Brücken anlegen, Flöße und Bötchen fahren lassen, Kies baggern, mit Eimern und Gießkannen planschen, nach allen Richtungen mit Wasser spritzen und, und, und … Der Unterschied zu einer gekauften Wasserstraße ist ungefähr so groß wie der zwischen einem natürlichen Bachlauf mit all seinen spannenden Strudeln, ruhigen Wasserbecken und Uferpflanzen und einem wie mit dem Lineal auf der Landkarte gezogenen, künstlich ausgebaggerten Schifffahrtskanal.

Auch hier müssen sich ordnungsliebende Erwachsene einmal mehr tolerant zeigen. Ein naturnaher Spielraum ist ständig im Wandel begriffen, wird unzählige Male umgebaut und umgestaltet und natürlich bis zum nächsten Spieltermin »unordentlich« zurückgelassen. Wappnen Sie sich von vornherein mit einer großen Portion Gelassenheit. Was Sie vielleicht als Chaos aus Kiesel, Sand und Wasser empfinden, ist für Ihre Kinder das schönste Spielparadies.

Ähnlich ist es mit dem vom Vater schön ordentlich mit Wasserwaage und einem Bausatz aus dem Heimwerkermarkt gebauten, quadratisch praktischen Baumhaus, das unserer Erfahrung nach oft nur mit lauem Interesse bespielt wird. Je schräger und ausgefallener, unsymmetrischer und origineller, desto besser kommt das Baumhaus bei den Kindern an und beflügelt ihre Fantasie. Denken Sie an Peter Lustigs Bauwagen mit seiner herrlichen Treppe aus alten Kneipenstühlen, der Gitarrenklingel und der Terrassen-Badewanne. Für ganze Generationen von Kindern war er der Traumort schlechthin, für die geniale Sendung »Löwenzahn« Ausgangspunkt unzähliger Erlebnisse und Abenteuer. Sicher mit ein Grund für den durchschlagenden Erfolg: Hier hat sich ein erwachsener Mann die Liebe zum Schrägen und zur kindlichen Ästhetik bewahrt.

All dies sollten Sie bedenken, wenn Sie für Ihre Kinder bauen oder – noch wichtiger! – sie in das Bauen einbeziehen. Gehen Sie auf die Ideen und Vorschläge der Kinder ein, auch wenn Sie Ihnen »schräg« und nicht ordentlich genug erscheinen. Ihr gemeinsames Gartenprojekt braucht nicht perfekt zu werden. Das Allerwichtigste ist, dass es von Ihren Kindern und deren Freundinnen und Freunden als Spielraum angenommen wird. Dies sollte Ihr wichtigstes Erfolgskriterium sein!

Die vier Grundbedürfnisse: ausruhen, kreativ sein, Natur erleben, spielen

Kinder haben vor allem vier Wünsche an einen Garten:

- Sie wollen ungestört sein, sich von ihrem anstrengenden Alltag erholen und zur Ruhe finden.
- Sie wollen etwas Kreatives tun, bauen, forschen, sich ausprobieren.
- Sie wollen die Natur in all ihren Facetten erleben.
- Und sie wollen (und sollen!) vor allem eines: spielen, spielen, spielen!

Je nach Tagesform und Stimmung stehen einzelne oder mehrere dieser Bedürfnisse im Vordergrund. Besonders attraktiv wird Ihr Garten jedoch für Ihre Kinder, wenn Sie für jedes dieser Bedürfnisse ein schönes Angebot in petto haben. Einigermaßen passables Wetter vorausgesetzt, werden Sie die Vorfreude heraushören können, wenn es heißt: »Ich geh ein bisschen raus in den Garten …!«

In dem Wissen um die vier Grundbedürfnisse haben wir die Bauprojekte in diesem Buch zusammengestellt. Ruhe und Rückzugsmöglichkeiten bieten das Baum- oder Strauchhaus, das Spielgebüsch und das Indianertipi. Die Kreativität fördern der Wasserspielplatz, die Buddelstelle, der Sandspielbereich und verschiedene Bastel- und Gestaltungsideen. Naturerlebnisse ermöglichen die Gummibärchenspirale, der Tierbeobachtungsteich, der Nasch- und der Picknickplatz. Die Bewegung schließlich kommt auf dem Wackelsteg und dem Kletterparcours zu ihrem Recht.

Bedürfnisse des Kindes	**Angebote im Garten**
Ruhe	Strauchhaus, Weidentipi, Hängematte, Picknickplatz, Baumhaus
Kreativität	Wasserspielplatz, Buddelstelle, Baumhaus, Sandspielbereich, Bastel- und Gestaltungsideen
Naturerlebnis	Gummibärchenspirale, Tierbeobachtungsteich, Naschgarten
Bewegung	Wackelsteg, Baumstamm-Mikado, Niedrigseilgarten, Schaukel

Beziehen Sie diese Übersicht auch in Ihre Planungsüberlegungen ein. Wo liegen die Hauptbedürfnisse Ihrer Kinder? Durch welches Angebot werden Sie ihren Bedürfnissen in verschiedenen Lebenssituationen am besten gerecht?

Mit viel Spaß gemeinsam bauen

Wenn Sie Ihre Kinder von Anfang an in Planung und Umsetzung der naturnahen Spielräume einbeziehen, hat das viele Vorteile: Die Kinder können ihre Ideen einbringen, bei der Planung ihre Kreativität entfalten und beim Bauen viel lernen und die vielfältigsten Erfahrungen sammeln. Über die aktive Teilhabe identifizieren sie sich viel stärker mit dem Entstandenen, Stolz und Spiellust entwickeln sich fast von selbst.

Gehen Sie die Zusammenarbeit aber locker an und bleiben Sie flexibel. Der gemeinsame Bau der neuen Spielräume darf für die Kinder nicht zur Strafexpedition werden, sonst regen sich Abwehr und Widerwillen. Überlegen und entscheiden Sie gemeinsam, was gebaut wird. Sorgen Sie für ein möglichst gleichberechtigtes Bauen und verhandeln Sie auf Augenhöhe. Fragen Sie die Kinder, wo sie helfen können und wollen. Und betonen Sie, dass die Kinder mithelfen »dürfen«. (Schon die Formulierung »Du *darfst* mithelfen«, statt »Du *musst* mithelfen«, sorgt für einen großen Unterschied.)

Wählen Sie für die Kinder überschaubare Teilaufgaben aus, von denen diese sich nicht überfordert fühlen, und lassen Sie sie in Frieden ziehen, wenn sie das vorher Vereinbarte erledigt haben und nun lieber etwas anderes machen wollen. Formulierungen wie »Für wen mach ich das hier eigentlich alles? Du könntest gefälligst mit anpacken!«, sollten Sie sich verkneifen. Die Mitarbeit soll den Kindern Spaß machen, und den sollten Sie ihnen nicht verderben.

Dazu gehört natürlich auch, die Anliegen und Ideen der Kinder ernst zu nehmen und mit zu berücksichtigen. Können Sie Kinderwünschen nicht entsprechen, erklären Sie ruhig, was geht und was nicht, und tragen Sie auch Ihre Bedürfnisse vor. Schließlich geht es darum, den Garten so zu gestalten, dass sich alle Familienmitglieder darin wohlfühlen.

Auch die Zukunft können Sie beim Planen ruhig schon im Auge behalten. Was wird aus den verschiedenen Spielgartenelementen, wenn sie nicht mehr von Kindern bespielt werden? Bei vielen Projekten gibt es schöne Ideen für die langfristige Nutzung. Aus einem Wasserspielplatz zum Beispiel kann ein schöner Gartenteich, aus einem Sandspielbereich ein Trockenbeet werden. Am meisten aber können sich unserer Erfahrung nach die Erwachsenen darauf freuen, eines Tages das Baumhaus ihrer Kinder mit vielen dicken Sitzkissen erobern zu dürfen. Einen gemütlicheren Leseplatz kann man sich kaum vorstellen!

Nichts für Perfektionisten

Eines sollten Sie sich für die Bau- und Gestaltungsphase noch fest vornehmen: Versuchen Sie, nicht perfektionistisch zu sein. Wie schon eingangs erwähnt: Kinder lieben ihre Umgebung umso mehr, wenn sie nicht »auf Kante« getrimmt, rechtwinklig eingemessen und mit der Wasserwaage kontrolliert ist. Je schräger, fantasievoller und origineller, desto schöner für sie. Und in einem Umfeld, das nicht perfekt ist, brauchen sie auch keine Angst zu haben, etwas »unordentlich« zu machen. Fantasie und Spielfreude haben hier freien Lauf.

Zum nichtperfektionistischen Vorgehen gehört auch, vorhandene Materialien zu nutzen, wann immer dies möglich ist. Es müssen nicht immer neue Einheitselemente aus dem Baumarkt sein. Überlegen Sie, was Sie noch übrig oder vorrätig haben und was Sie eventuell von anderen bekommen oder eintauschen können. Auch auf diesem Gebiet haben Kinder oft sehr gute und kreative Ideen.

Apropos: Nutzen Sie das gemeinsame Bauen im Garten, um Talente zu entdecken und zu fördern. Sie werden erstaunt sein, wie geschickt Ihr Kind ist, wie gut es Lösungen finden und zupacken kann. Zeigen und erklären Sie, was Sie tun, im Zusammenhang und ohne sich aufzudrängen oder belehrende Vorträge zu halten. Loben Sie Ihr Kind und ermuntern Sie es, auf das Geschaffene stolz zu sein.

Man nehme ...

... kommt ganz darauf an! Denken Sie immer daran: Die Bauanleitungen in diesem Buch mögen auf den ersten Blick so exakt klingen wie Kochrezepte, sind es aber nicht. Beim Bauen mit natürlichen – und deshalb variablen – Materialien lässt sich nicht alles genau beschreiben und voraussehen. Mengen-, Maß- und Gewichtsangaben sind deshalb immer nur Anhaltspunkte und müssen den jeweiligen Gegebenheiten (z. B. Bodenbeschaffenheit, Geländeprofil, regional verfügbare Materialien) angepasst werden. Auch die Frage, welches Werkzeug eingesetzt werden soll, kann im Einzelfall oft unterschiedlich beantwortet werden. Scharfe Holzkanten z. B. lassen sich mit einer Flex oder einfach auch mit Schleifpapier abrunden. Holzstämme können beispielsweise mit einer Handsäge bearbeitet werden, Profis mit entsprechenden Vorkenntnissen können dazu eine Motorsäge benutzen. Wieder einmal zeigt sich: Mehrere Wege führen zum Ziel. Und wenn Sie sich beim Bauen einmal nicht ganz sicher sind, wie ein bestimmtes Detail umgesetzt werden kann, scheuen Sie sich nicht, andere kompetente Handwerker um Rat zu fragen.

Sicherheit beachten – und locker bleiben!

Bevor es an die Praxis geht, noch ein sehr wichtiges Thema. Natürlich sollen alle Spielräume für Kinder so sicher wie möglich sein. Risiken kann man vermeiden, indem man für einen nachgiebigen Untergrund sorgt, alles stand- und kippsicher macht und genügend Freiräume zum Toben freihält. Vor allem sollte man darauf achten, dass die Kinder beim Spielen nirgends hängen bleiben oder sich einklemmen können. Scharfe oder spitze Teile, an denen sie sich verletzen könnten, sollte es tunlichst nicht geben. Und mögliche Risiken müssen erkennbar sein – scheinbar fest liegende Baumstämme, die wegrollen können, wären zum Beispiel schlecht.

Gleichzeitig müssen Eltern lernen loszulassen. Dass Kinder sich heutzutage so wenig frei und spontan in der Natur bewegen, hat auch mit der zunehmenden Ängstlichkeit der Eltern zu tun, die nicht wollen, dass ihre Kinder »irgendwo draußen« spielen, die alles kontrollieren und sie beim Klettern immer festhalten wollen.

Natürlich sollen Kinder keinen Gefahren ausgesetzt und weder *über*fordert noch *unter*fordert werden. Aber *ge*fordert zu werden, das tut Kindern gut. Gerade an dem Wechselspiel zwischen Risiko und Wagnis können Kinder wachsen. Möglichst vielfältige Bewegungserfahrungen machen sie bewegungssicher, nur so können sie aus Unsicherheit Sicherheit gewinnen. Werden hingegen alle Hindernisse aus dem Weg geräumt, minimiert dies die Entwicklungschancen für Kinder.

Kinder sind Grenzgänger – permanent auf der Suche nach Grenzen. Sie wollen lernen, sich selbst zu helfen – »Selbstsicherungsfähigkeit« und »Risikokompetenz« nennen es die pädagogischen Fachleute. Die Fähigkeit, mit Gefahren und Risiken in ihrem Umfeld kompetent umzugehen, lernen Kinder nur über praktische Erfahrungen, durch Wahrnehmung und Bewegung.

Auch für diese Lernerfahrungen bieten ihnen naturnahe Spielräume im Garten reichlich Gelegenheit. Geben Sie Ihren Kindern diese Chance!

Der Wackelsteg

Der Mensch ist ein Bewegungstier. Schon kleinste Kinder wollen krabbeln, laufen, springen, Purzelbäume schlagen. Wie schön, wenn dieser angeborene Drang nach Bewegung gebührend ausgelebt werden kann. Alles, was die Bewegung spielerisch fördert, kann als »pädagogisch besonders wertvoll« gelten.

Denken wir noch einmal an die schon eingangs erwähnten »Kinder aus Bullerbü«. Schritten sie sittsam auf vorgegebenen Pfaden? Nein. Wann immer sich die Gelegenheit bot, schwangen sie an Ästen, balancierten auf Baumstämmen und sprangen an Bächen von Stein zu Stein. Und sie taten recht daran, denn diese spielerische Art der Fortbewegung macht Spaß, bringt Kinder in Schwung und fördert sie auf vielfältigste Weise.

Kinder springen und balancieren gern, und zwar am liebsten überall und jederzeit. Keine Bordsteinkante, kein gefällter Baumstamm, kein Mäuerchen und keine Sandkastenumrandung bleiben ungenutzt. Je schmaler die Lauffläche, desto anspruchsvoller wird das Balancieren. Und noch lustiger und spannender wird es, wenn die Fläche selbst mitschwingt und sich bewegt.

So ist es beim Wackelsteg. Noch nie gehört? Er nennt sich auch »Schwingbohlenpfad«, denn er besteht aus 3 Zentimeter starken Eichenbohlen, die an den Enden auf Stützen befestigt werden und dadurch etwa 40 Zentimeter über dem Boden »schweben«.

Seine Wirkung ist mit einem Trampolin vergleichbar, weil er elastisch ist und auf jede Bewegung mit einem Gegenschwung reagiert. Läuft man darüber oder springt darauf, gibt es den »Trampolineffekt«: Wir schwingen nach oben und haben das Gefühl zu fliegen – der große Traum der Menschheit, der schon Otto Lilienthal zu seinen berühmten ersten Flugversuchen trieb. Auch wenn es nur kurze Zeit anhält – das Gefühl der Schwerelosigkeit ist ein wunderbares Erlebnis für Groß und Klein. Die schwingenden Bohlen verleihen förmlich Flügel!

Beim Spiel auf dem Wackelsteg schärfen Kinder ganz nebenbei ihre Körperwahrnehmung, ihren Gleichgewichtssinn und ihre Geschicklichkeit – wichtige Faktoren für eine gesunde kindliche Entwicklung. Das »Fliegen« über den Steg bereitet enorm viel Vergnügen und animiert zu mehr Bewegung. Es vermittelt ein positives Körpergefühl und eine große Portion Lebensfreude.

Schön ist es, wenn der Steg im Garten zwei oft besuchte Orte, z. B. die Terrasse und ein Baumhaus, miteinander verbindet und zu einer häufig genutzten Abkürzung wird. Der Gang in den Garten ist dann für die Kinder gleich noch einmal so attraktiv!

Ein Wackelsteg besteht aus mehreren miteinander verbundenen, schwingenden Eichenbohlen, die schlangenlinienförmig durch den Garten führen. Er kann so angelegt werden, dass er von einem Spielbereich wie dem Sandspielbereich zum anderen führt, z. B. zu einem Klettergerüst. Er kann aber auch z. B. vom Eingang des Gartens bis zum Spielbereich reichen, braucht allerdings etwa 1 Meter Platz rechts und links. Voller Vorfreude können die Kinder dann zu ihrem Gartenreich schwingen.

Besonders lustig wird es übrigens, wenn sich mehrere Personen gleichzeitig auf dem Wackelsteg befinden, denn das jeweilige Laufen und Springen hat – ähnlich wie bei einem großen Trampolin – Auswirkungen auf alle Spielenden. Auch dieser Effekt inspiriert zu immer neuen Spielideen, sodass die Kinder an dem Wackelsteg lange Freude haben und sich ausdauernd mit ihm beschäftigen können.

Und das Schöne ist: So ein Wackelsteg lässt sich einfach bauen. Man braucht nicht handwerklich hochbegabt zu sein, um ihn an einem Wochenende fertigzustellen – vorausgesetzt, die nötigen Bauteile sind vorbereitet und liegen parat. Eine genaue Bauanleitung finden Sie auf den folgenden Seiten.

Ein wichtiger Tipp: Der Boden im unmittelbaren Umfeld des Stegs sollte weich sein, da es schon einmal vorkommen kann, dass allzu kühne Sprünge nicht da enden, wo sie ursprünglich enden sollten …!

Das wird gebraucht

Standort und Platzbedarf:

- Der Wackelsteg kann überall im Garten angelegt werden.
- Der Platzbedarf entspricht dem eines Weges. Sinnvoll sind mindestens 2 × 12 m mit 3 Bohlen à 4 m Länge.
- Als Verbindung zwischen Spielbereichen eignet er sich besonders gut.
- Wichtig ist ein weicher Boden, auch zum Gründen der Pfähle.

Materialbedarf:

- 8 Eichenstammstücke, Durchmesser 20 – 25 cm, 1,5 – 2 m lang
- 3 Eichenbohlen unbesäumt, astfrei, 3 cm stark, 4 – 5 m lang, 30 – 40 cm breit
- 4 Eichenkanthölzer, 8 × 10 cm, 80 – 100 cm lang
- 16 Konstruktionsschrauben (8 × 180 mm) mit Tellerkopf (T 40), dazu Unterlegscheiben (Durchmesser 30 mm)
- 8 Schlossschrauben (10 × 80 mm) mit Muttern, dazu Unterlegscheiben (Durchmesser 30 mm)
- 4 Konstruktionsschrauben (8 × 120 mm) mit Tellerkopf (T 40), dazu Unterlegscheiben (Durchmesser 30 mm) zur Fixierung der Bohlen
- Schleifpapier (grobe Körnung)

Werkzeugbedarf:

- Spaten (zum Graben der Löcher für das Fundament evtl. Erdbohrer leihen)
- Vorschlaghammer
- Stichsäge
- Flex
- Schwingschleifer
- Bohrmaschine, Holzbohrer
- Stemm-Eisen
- Akkuschrauber
- Kabeltrommel

Arbeitsschritte:

- Eichenbohlen auslegen, an den Enden überlappend.
- Stellen markieren, wo die Pfosten in den Boden kommen.
- Fundamentlöcher 20 × 20 cm, 80 cm tief graben (eventuell mit Erdbohrer).
- Stämme senkrecht einsetzen und Fundamentlöcher verfüllen.
- Querriegel aus Kanthölzern 40 cm über dem Boden montieren.
- Eichenbohlen auflegen und mit Schlossschrauben verschrauben.
- Eichenbretter an den Querriegeln fixieren.
- Alle Holzteile mit einem Schwingschleifer besäumen, d. h. abrunden, um Splittergefahr zu reduzieren.

Und so wird's gemacht

1. Platz auswählen

Der Wackelsteg benötigt eine Fläche von 2 × 12 Meter, die von Steinen und Ähnlichem befreit werden muss. Die Fläche braucht nicht ganz eben zu sein, nur größere Bodenunebenheiten sollten ausgeglichen werden. Spannend wird es natürlich, wenn Sie den Wackelsteg über einen Graben oder einen flachen Teich bauen – das erhöht den Nervenkitzel für die Kinder! Überlegen Sie gemeinsam, wo die attraktivste Stelle für das »fliegende Laufen« sein könnte.

2. Material besorgen

Damit der Wackelsteg auch richtig wirkt und gut zu bespielen ist, muss unbedingt das richtige Material ausgewählt werden. Verwenden Sie ausschließlich Hölzer, die für ihre Langlebigkeit im Außenbereich bekannt sind, am besten Eiche. Unbesäumte Eichenbohlen von etwa 3 Zentimeter Dicke, 30 bis 40 Zentimeter Breite und 4 bis 5 Meter Länge sind für den Wackelsteg am besten geeignet. »Unbesäumt« heißt, dass die Baumkanten an beiden Seiten noch zu sehen sind. Sie sind elastisch (durch die geringe Dicke) und brechen nicht (durch die Eigenschaften des Holzes). Diese Bohlen sind in den meisten Sägewerken ab Lager erhältlich. Sie sollten nicht nur unbesäumt, sondern auch ungehobelt sein, weil dies die Rutschfestigkeit erhöht und sich das Holz so besser in eine naturnahe Umgebung einfügt. Außerdem sollten die Bohlen frei von Astlöchern und Rissen sein, damit sie möglichst bruchfest sind. Eichenbohlen sind normalerweise sehr elastisch, sofern sie nicht schadhaft sind.

Für die Stützen werden Eichenstammstücke mit 20 bis 25 Zentimeter Durchmesser und 1,5 bis 2 Meter Länge gebraucht. Die Stammstücke müssen nicht entrindet werden. Nur an der Stelle, wo der Querriegel angeschraubt wird, muss mit einer Flex eine ebene Auflagefläche hergestellt werden, damit die Querriegel eine schlüssige Verbindung zur Stütze bekommen.

Für die Querriegel nehmen Sie Eichenkanthölzer (8 × 10 Zentimeter), sie sollten eine Länge von 80 bis 100 Zentimeter haben. Außerdem benötigen Sie noch Konstruktionsschrauben mit Tellerkopf und Schlossschrauben mit Muttern und Unterlegscheiben (siehe »Materialbedarf«).

3. Bauen

Der Unterbau

Überlegen Sie, wie der Steg verlaufen soll, und legen Sie die Bohlen so aus, dass sie sich stabil überlappen.

Dabei braucht keine gerade Linie zu entstehen. Viel schöner ist es, wenn der Steg schlangenlinienförmig durch den Garten verläuft. Die Winkel an den überlappenden Enden sollten jedoch höchstens 30 Grad betragen – stärkere »Knicke« im Stegverlauf wären nachteilig für die Stabilität.

Die sich überlappenden Bohlen ruhen auf Querriegeln, die an den Stammstücken festgeschraubt werden. Schön ist es, wenn der Steg schlangenlinienförmig durch den Garten führt.

An den Überlappungsstellen markieren Sie rechts und links neben den Bohlen die Punkte, wo die Pfosten eingebaut werden. Dort werden jetzt zunächst die dafür nötigen Löcher gegraben, die 20 Zentimeter lang, 20 Zentimeter breit und 80 Zentimeter tief sein sollten. Ist der Boden weich und nicht so steinig, lässt sich das mit dem Spaten machen. Einfacher ist es natürlich mit einem Erdbohrgerät, wie man es in jedem größeren Baumarkt ausleihen kann. Manchmal ist es auch notwendig, die Löcher für die Pfosten etwas tiefer und breiter anzulegen, z. B. wenn der Boden steinig oder sumpfig ist.

Die etwa 2 Meter langen und etwa 25 Zentimeter dicken Eichenstammstücke werden an einer Seite angespitzt und anschließend in die Löcher gesenkt. Stabilisiert werden die Pfosten, indem man den Boden wieder einfüllt und tüchtig feststampft. (Denjenigen von Ihnen, die etwas mit Landwirtschaft zu tun haben, wird diese Arbeit bekannt vorkommen – Weidezaunpfähle werden nach dem gleichen Prinzip eingesetzt.) Ein Fundament oder metallene Bodenhülsen sind nicht notwendig.

Etwa 40 Zentimeter über dem Boden müssen nun die Querriegel angebracht werden. Sie sorgen für die notwendige Stabilität. Die Höhe ist so gewählt, dass die Bohlen frei schwingen können, die Bohlenbiegung bei heftigem Springen jedoch begrenzt ist, damit die Bohlen nicht brechen können. Für die Querriegel sind, wie bereits erwähnt, Kanthölzer am besten geeignet. Diese werden mit jeweils 4 Konstruktionsschrauben (8 × 180 Millimeter mit Tellerkopf, T 40) festgeschraubt. Die Löcher müssen vorgebohrt werden und die Schrauben werden mit Unterlegscheiben versehen (siehe Skizze auf Seite 24).

Damit ist die Unterkonstruktion für den Wackelsteg fertiggestellt.

Der Steg

Jetzt werden die Bohlen auf die Querriegel gelegt. Sie müssen sich etwa 80 Zentimeter überlappen. Sind die Bohlen fertig ausgerichtet, werden sie mit einem Holzspiralbohrer (12 Millimeter) durchbohrt, anschließend mit jeweils 4 Schlossschrauben (10 × 80 Millimeter) fixiert und mit Muttern von unten festgeschraubt.

Der Wackelsteg ist fast fertig und kann für einen ersten, vorsichtigen Testlauf freigegeben werden. Sie werden überrascht sein, was die schwingenden Bohlen mit Ihnen machen ... Und Ihre Kinder werden gar nicht mehr herunterkommen wollen von ihrem neuen Steg.

Eine kleine, aber wichtige Arbeit steht jedoch noch aus: Die verschraubten Bohlen liegen noch frei auf dem Gerüst mit den Querriegeln. Wenn auf dem ersten Brett jemand springt, geht das zweite Brett in die Höhe. Dieser Effekt ist witzig und durchaus erwünscht. Allerdings birgt er auch Klemmgefahren. Die Bretter heben ja von den Auflagen ab. Hat da jemand zufällig die Finger dazwischen, kann es böse Verletzungen geben. Deshalb müssen die Bohlen an den Auflagestellen so fixiert werden, dass sie nicht abheben, sich beim Schwingen aber noch bewegen können.

In die überlappenden Bohlenteile werden dort, wo diese auf den Querriegeln aufliegen, mit Bohrer und Stichsäge Langlöcher (Durchmesser 8 Millimeter, Länge 40 Millimeter) gebohrt. Die Schraubentellerköpfe werden versenkt. Dazu können Sie mit einem Forstnerbohrer (Durchmesser 35 Millimeter) mehrere Löcher mit einer Tiefe von 1 Zentimeter

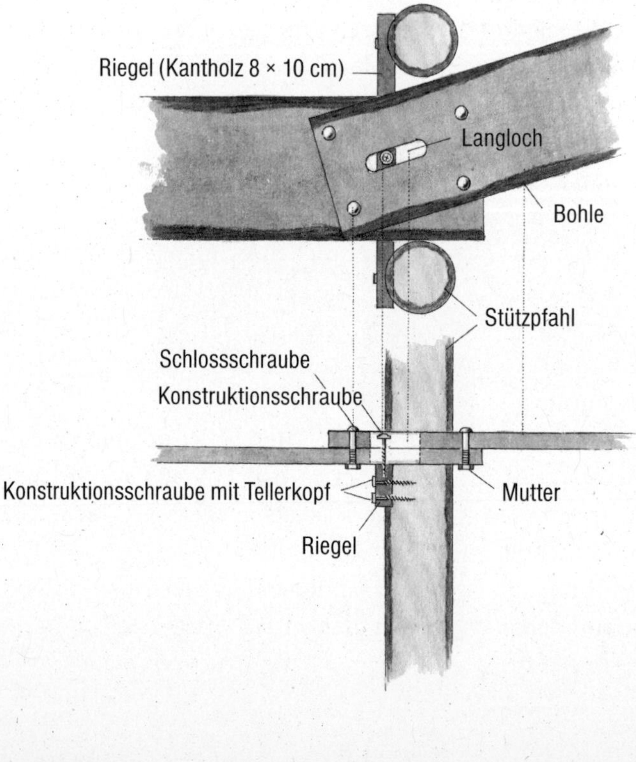

nebeneinander setzen und die Zwischenstege wegstemmen. Dann werden die Bohlen dort mit jeweils einer Konstruktionsschraube (8 × 120 Millimeter) an den Querriegeln festgeschraubt (Unterlegscheibe nicht vergessen). Durch das Langloch können sich die Bohlen beim Bespielen in waagrechter Richtung verschieben, sodass die Schrauben keiner zu starken Belastung ausgesetzt sind.

Die Fixierstellen sollten Sie bei Gelegenheit immer mal wieder überprüfen.

4. Letzte Hand anlegen

Die letzte Aufgabe besteht darin, die Kanten der Holzteile mit einem Schwingschleifer rund zu schleifen, damit sich niemand Splitter in die Finger rammt. Und jetzt kann es losgehen ... Viel Spaß beim Schwingen!

Wenn Ihre Kinder dann begeistert auf ihrem neuen Wackelsteg spielen, denken Sie daran, was die Kindheit in Bullerbü so besonders glücklich machte: Die Bullerbü-Eltern waren für alle kindlichen Ideen aufgeschlossen und machten jeden Spaß mit. Also, wie wär's? Ärmel hochkrempeln, rauf auf den Steg und los! Mit jedem Schwung steigen Sie in der Achtung Ihrer Kinder und haben hinterher das Gefühl, Sie können im Leben alles schaffen – schließlich haben Sie ja sogar die Schwerkraft besiegt!

Und hier noch ein wenig grundsätzliche Technik:

Holzverbindungen für den Bau naturnaher Spielelemente – zwei Beispiele

Verbindung von zwei Kanthölzern:

Wichtig ist bei jeder Holzverbindung die sogenannte »Kraftschlüssigkeit«. Sie bedeutet, dass die Flächen der zu verbindenden Holzteile glatt aufeinander passen sollten. Bei Kanthölzern, Brettern usw. ist dies meist gegeben. Zwei Methoden führen zum Ziel.

Die erste besteht aus den folgenden Arbeitsschritten:

- Fixieren der zu verbindenden Teile mit einer Zwinge.
- Anbohren der Verbindungsstelle mit einem 30er-Forstnerbohrer (damit das eine Ende der Schraubverbindung im Holz versenkt werden kann).
- Durchbohren der Teile mit einem 14er-Schlangenbohrer.
- Durchstecken einer auf das notwendige Maß abgesägten 14er-Gewindestange (Durchmesser 14 Millimeter).
- Aufschrauben von zwei Muttern M14 (auf der einen Seite eine Hutmutter, auf der anderen versenkten Seite eine normale Mutter). Unterlegscheiben nicht vergessen!
- Festziehen der Muttern, bis sich die verbundenen Teile nicht mehr bewegen.

Bei der zweiten Methode wird nur ein Teil durchgebohrt, eine Holzschraube durchgesteckt und diese Schraube in das zweite Teil hineingedreht. Dazu muss dieses Teil vorgebohrt werden, und zwar 1 bis 2 Millimeter weniger als das Maß des Schaftes der Schraube.

Bretter und Latten mit Dicken von 2 bis 3 Zentimeter werden meistens mit verzinkten Spanplattenschrauben an Kanthölzern befestigt. Sie werden direkt durch das Brett in das Kantholz geschraubt (am besten mit einem Akkuschrauber). Infrage kommt die Größe 5 × 60 Millimeter, je nach Art der zu verbindenden Holzteile auch eine andere Größe. Ein Vorbohren entfällt, denn die Schrauben ziehen sich ins Holz.

Verbindung von Rundhölzern und Baumstämmen:
Bei Ästen und Baumstämmen müssen die Stellen, an denen die Holzteile miteinander verbunden werden sollen, meist vorher mit einer Flex angepasst werden. Auch die Rinde und das weiche Splintholz sollten entfernt werden, damit die Holzverbindung dauerhaft haltbar ist. Folgende Arbeitsschritte sind notwendig:

- Markieren der Stellen, an denen die Stücke verbunden werden sollen.
- Entfernen der Rinde und des Splintholzes an diesen Verbindungsstellen.
- Fixieren der zu verbindenden Stücke mittels Zurrgurten.
- Anbohren der Verbindungsstelle mit einem 30er-Forstnerbohrer (damit die Enden der Schraubverbindung im Holz versenkt werden können).
- Durchbohren der Teile mit einem 14er-Schlangenbohrer.
- Durchstecken einer 14er-Gewindestange (gegebenenfalls mit einem Gummihammer einschlagen).
- Einbauen der Unterlegscheiben.
- Aufschrauben von Muttern (M14, auf der einen Seite eine Hutmutter, auf der anderen versenkten Seite eine normale Mutter).
- Festziehen der Muttern mit einem Ringschlüssel (dabei mit einem zweiten Schlüssel an der anderen Mutter dagegenhalten).

Wenn Sie noch nicht so viel Erfahrung beim Bauen mit Holz und im Umgang mit dem dazu notwendigen Werkzeug haben, lassen Sie sich am besten von kompetenter Seite beraten und unterstützen.

Die Holzverbindungen sollten bei Gelegenheit immer wieder einmal nachgezogen werden. Durch eifriges Bespielen und durch das Trocknen des Holzes kann sich die Verbindung im Laufe der Monate lockern.

Der Wasserspielplatz

Was gibt es nach einem großen Regen Schöneres, als in Pfützen zu patschen, Staudämme zu bauen, das Wasser in verschiedene Richtungen zu leiten und zu schauen, welchen Weg es sich am Ende sucht? Ist Erde oder Sand in der Nähe, lässt sich auch gleich noch eine wunderbare Matschepampe anrühren, mit der man herrlich spielen kann.

Kinder, die jederzeit matschen, tollen und toben wollen, müssen ab jetzt nicht mehr länger auf den nächsten Regen warten. Für die feuchtfröhliche Gaudi im Freien brauchen sie kein Schwimmbad oder Planschbecken: Ein Wasserspielplatz im eigenen Garten hält unbegrenzten Spielhochgenuss bereit. Das Element Wasser, unseren Lebensspender, können Ihre Kinder so ganz unmittelbar und mit allen Sinnen erfahren.

Schon Zweijährige dürfen hier (unter Aufsicht) spielerisch mit dem Wasser erste Bekanntschaft schließen. Erfahrungsgemäß macht es ihnen einen Riesenspaß, Steine in die mit Wasser gefüllten Mulden zu werfen. Und wenn man sie in Ruhe gewähren lässt, beschäftigen sie sich erstaunlich lange damit, Wasser in Gefäße wie Gießkannen und Eimer zu gießen und wieder auszukippen. Halten Sie ein paar einfache Spielzeuge für sie parat!

Werden die Kinder dann älter, kommt immer mehr Bewegung ins Spiel. In die Pfützen springen, dabei sich und andere nass spritzen, auf den größeren Steinen balancieren und von Stein zu Stein springen – all das weckt die Lebensfreude, macht gute Laune, schärft das Körpergefühl und stärkt das Selbstvertrauen.

Zu all dem kommt noch Kreativität hinzu. Mit der Zeit wird immer mehr umgebaut, gestaltet und modelliert. Flusslandschaften und Staudämme werden angelegt, Schleusen improvisiert, Brücken gebaut, Bötchen auf die Reise geschickt. Allein und im Zusammenspiel mit anderen schaffen die Kinder auf diese Weise immer wieder neue Wasserlandschaften. Fantasie und planvolles Vorgehen nehmen gleichermaßen ihren Lauf.

Der Wasserspielplatz, eventuell um interessante Wasserspielgeräte ergänzt, hat wichtige pädagogische Funktionen: Er regt zum Experimentieren an und verdeutlicht verschiedene Wasserphänomene. Behutsam eingeflochtene Informationen der Erwachsenen können das Bewusstsein der Kinder für das oft selbstverständlich hingenommene und doch so kostbare Nass wecken. So wächst der Wasserspielplatz mit den Kindern und bietet für eine große Altersspanne ein lang andauerndes Spielvergnügen, bei dem sie viel selbst gestalten und ausprobieren können.

Lassen Sie sie gewähren, wenn sie ergründen wollen, was sich unter der Kiesschicht befindet, Mulden in den Kies buddeln, Ritterburgen mit Burggraben bauen, den gesamten Spielbereich umbauen oder ausprobieren, ob sie die über 50 Kilogramm schweren Findlinge mit gemeinsamer Anstrengung nicht doch fortbewegen können. All dies gehört zum natürlichen Forscherdrang, beflügelt Kreativität und Fantasie. Es gibt nichts Schöneres, als wenn Kinder bei jedem Wetter draußen ungestört in ihre eigenen Welten abtauchen dürfen und abends glücklich und entspannt zum Abendessen ins Haus kommen.

Der hier vorgestellte Wasserspielplatz ist ein etwa 30 Zentimeter tiefer Folienteich, der bis 5 Zentimeter unterhalb der maximalen Wasserhöhe mit Kies und Findlingen aufgefüllt wird, was ihn auch für kleinere Kinder sicher macht.

Weil die Mulde mit Kies und Findlingen gefüllt ist, können die Kinder auch gar nicht so schmutzig werden. Der Sandspielbereich, in dem nach Herzenslust gematscht und Sandsuppe gekocht werden darf oder einfach nur Sandkuchen gebacken wird, sollte in einem gewissen Abstand zum Kiesplatz liegen, damit sich die Materialien Sand, Kies und Erde nicht vermischen. Es würde mit der Zeit den Spielspaß im Kiesteich trüben.

Wird der Wasserspielplatz einmal gerade nicht von Kindern bespielt, werden sich sehr bald Vögel diese Stelle als Badewanne und Trinkplatz erobern, was zur kreativen Naturbeobachtung – z. B. einem Vogelquiz – einlädt.

Im Sommer können die Mulden auch zum Planschen dienen. (Wird in der Badehose gespielt, das Kind vorher immer gut mit einem Sonnenschutzmittel eincremen!) Im Winter lässt sich der

Kiesteich auch als Rutschbahn nutzen. Mit den sich bildenden Eisplatten können fantasievolle Skulpturen (»Eiskunst«) gebaut werden.

Sind die Kinder groß und aus dem Haus (und aus dem Garten), lässt sich der Spielbereich gut in ein Feuchtbiotop umwandeln. Setzen Sie sparsam ein paar Wasserpflanzen ein, z. B. die schöne Sumpfdotterblume oder den Fieberklee. In heißen Sommermonaten müssen Sie allerdings für einen Wasserwechsel sorgen, da sich das Wasser möglicherweise zu stark aufheizt und sich dann Algen bilden. Dies gilt auch, wenn der Platz einige Zeit nicht bespielt wird oder man aus einem längeren Urlaub zurückkommt und sieht, dass ein Wasserwechsel notwendig ist. Ansonsten ist dieser kleine Flachwasserbereich eine schöne Vogelbadewanne.

Der mit Kies gefüllte Folienteich lässt sich gut durch weitere Elemente ergänzen:

- Einen **Bachlauf,** der das Fließen des Wassers hervorragend erfahrbar macht. Sein Bau erfordert allerdings mehr Aufwand. Die Folienmulde muss mit einer Betonschicht ausgestattet werden, in der sich der Kies festkleben lässt. Eine ausführliche Bauanleitung finden Sie auf Seite 38.
- Eine **Matschtisch-Kaskade,** die aus mehreren Holzbrettern mit Rand besteht, in denen das Wasser sich stauen kann. An einer Stelle gibt es einen Auslass, von dem das Wasser auf einen tiefer gelegenen Tisch fließen kann.
- Eine **Schwengelpumpe,** mit der Wasser aus dem Untergrund gepumpt werden kann. Die Pumpen sind im Fachhandel erhältlich. Sie sind mit einem 200 Liter fassenden Wasserbehälter versehen, der von einer Wasserleitung gefüllt wird. Wenn Sie Glück haben, können Sie auf Ihrem Grundstück Grundwasser pumpen, was allerdings in den meisten Gemeinden einer Genehmigung bedarf.
- Gepflasterte **Mulden mit Schiebern,** die zum Anstauen von Wasser besonders gut geeignet sind. Werden die Schieber geöffnet, kann man den Lauf des Wassers verfolgen.

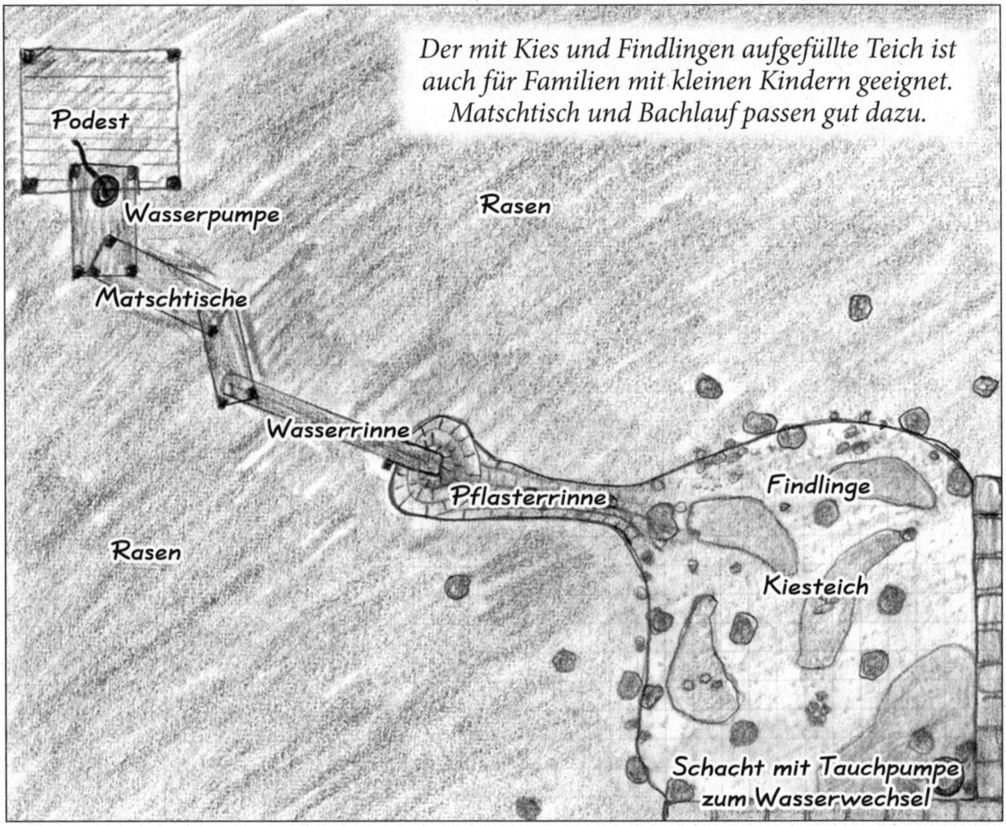

Und so wird's gemacht

1. Mulde graben

Wurde ein geeigneter Platz gefunden, können die Erdarbeiten losgehen. Als Erstes wird die Form des zukünftigen Wasserspielplatzes mit Pflöcken abgesteckt, die mit einer Schnur verbunden werden. Je nach Größe des Gartens kann die auszuhebende Mulde zwischen 10 und 20 Quadratmeter groß sein. Die Materialmengen in dieser Beschreibung sind für einen 15 Quadratmeter großen Wasserspielplatz gerechnet. Bei einem ovalen Kiesteich wären dann zwei gegenüberliegende Seiten ungefähr 3 und die anderen ungefähr 5 Meter lang.

Bei normalem Gartenboden ist das Buddeln des Loches gar nicht so schwer. Häufig wird beim Aushub von Teichmulden erwogen, einen Minibagger einzusetzen. Das klingt zwar erst einmal spannend, hat aber auch diverse Nachteile: Der Bagger muss ausgeliehen werden, man muss mit ihm umgehen können und durch das Befahren verursacht er Schäden im Garten. Eine wirkliche Alternative ist es, den Aushub mit der Familie zu bewältigen. Alle können mitmachen,

Das wird gebraucht

Standort und Platzbedarf:

- Benötigt wird eine ebene Fläche von 10 – 20 m^2, am besten mit normalem Gartenboden.
- Am besten eignet sich ein halbschattiger Platz, der allerdings nicht unter Bäumen liegen sollte, damit im Herbst keine Blätter darauf fallen.
- Bauen lässt sich der Wasserspielplatz am besten im Frühsommer.
- Am schönsten ist eine runde oder ovale Form.

Materialbedarf:

- Teichfolie EPDM (synthetischer Kautschuk), 1 – 1,5 mm dick, 20 % größer als die Wasserfläche (z. B. mindestens 18 m^2 bei 15 m^2 Fläche)
- 2 Polypropylenvliese, gleiche Größe wie Teichfolie, 300 g/m^2.
- Pumpenschacht (Schachtring aus Beton oder Kunststoff, Durchmesser 30 cm, 40 cm lang)
- 1,5 t gewaschener Rundkies (8 – 16 mm)
- 10 Findlinge, je 30 – 50 kg
- 6 Eichenstammstücke, Durchmesser 20 – 30 cm, 2 m lang, naturbelassen (wie gewachsen)
- 300 kg Oberrheinkiesel (10 – 30 cm)

Werkzeugbedarf:

- Pflöcke, Schnur
- Spaten, Schaufeln, Rechen
- Schubkarren, Eimer
- Pfahl, Wasserwaage, Richtscheit, Maßband
- Sackkarre
- Cutter
- Gartenschlauch
- Tauchpumpe (bei Wasserwechsel)

Arbeitsschritte:

- Teichform markieren (Fläche abstecken, Schlauch auslegen).
- Rand mit Spaten abstechen.
- Teichfläche 2 Spaten tief (überall etwa 30 cm) ausheben.
- Steine vom Teichgrund entfernen, eines der Vliese zum Schutz der Folie auf der Teichfläche ausbreiten.
- Folie verlegen, am Rand überstehen lassen, Falten glätten.
- Das zweite Vlies auf die Folie legen.
- Schachtring einsetzen und mit Steinen fixieren und so einen Schacht für die Tauchpumpe einbauen.
- Findlinge am Rand und an einigen Stellen in der Mitte des Teiches ablegen.
- Kies und Oberrheinkiesel einbauen.
- Wasser einlassen, Überlauf testen.
- Kapillarsperre am Teichrand errichten.
- Überstehende Folie abschneiden.

auch kleinere Kinder. Es braucht nur genügend Schaufeln und Schubkarren. Und wenn dann noch große und kleine Freundinnen und Freunde mithelfen, kann der Bau des Wasserspielplatzes zu einer richtigen Party werden.

Für die Mulde reichen 30 Zentimeter Tiefe aus. Im Gegensatz zu einem normalen Gartenteich hat ein Wasserspielplatz keine unterschiedlichen Wassertiefen.

Den Aushub kann man erst einmal auf einem Haufen zwischenlagern und später anderweitig verwenden, z. B. für ein Hügelbeet, ein Staudenbeet oder die Modellierung des Teichrands.

Die Mulde aber bitte nicht senkrecht abstechen. Der Uferrand braucht ein Gefälle von 30 bis 45 Grad. Das verbessert auch die Haftung der Folie, und die spätere Randgestaltung des Wasserspielplatzes wird einfacher.

Ist der Aushub fertig, muss gemessen werden, ob das zukünftige Wasserniveau an allen Stellen des Teichrands gleich ist. Dafür gibt es mehrere Methoden. Die einfachste ist das Messen mit einer Richtlatte und einer Wasserwaage. Dazu schlagen Sie in der Mitte der Mulde einen Pfahl in den Boden, dessen Ende ein paar Zentimeter über das zukünftige Teichniveau ragt. Darauf legen Sie die Richtlatte, die möglichst gerade sein sollte, und wiederum darauf die Wasserwaage. Jetzt können Sie feststellen, ob Ihr zukünftiger Wasserspielplatz »waagerecht« ist. An den Stellen, wo das Uferrandniveau zu niedrig ist, füllen Sie Aushuberde an und verdichten diese (mit den Füßen oder mit einem Stampfer). Später, wenn die Folie verlegt, der Kies eingefüllt und das Wasser eingefüllt ist, können Sie das Teichrandniveau noch ein wenig korrigieren.

2. Mulde abdichten

Als Nächstes wird der Spielteich abgedichtet. Das geschieht in unserem Fall mit einer Teichfolie. In den wenigsten Fällen kann man einen Teich mit einer natürlichen Abdichtung bauen. Das geht nur dort, wo es einen schweren Tonboden und einen hohen Grundwasserspiegel gibt. Solche Teiche haben einen stetig wechselnden Wasserstand, der Uferrand kann in langen Trockenperioden spröde werden und es können sich Risse bilden. Weil der Rand nun nicht mehr dicht ist, kann es passieren, dass der Wasserstand nicht wieder das alte Niveau erreicht.

Andererseits macht das Spielen in tonigen, matschigen Böden gerade besonders viel Spaß. Lässt sich ein schwerer Tonboden so verdichten, dass nach dem Regen das Wasser darin stehen bleibt, können Sie es ruhig einmal mit einer Matschkuhle probieren. Vielleicht gibt es auf Ihrem Grundstück ja Stellen, wo das der Fall ist. Diese Gegebenheiten können Sie nutzen. Die Matschkuhle muss auch gar nicht groß sein. Eine kleine Fläche reicht, um den Kindern den Umgang mit Lehm und Schlamm zu ermöglichen.

Für die Abdichtung des Wasserspielplatzes hat sich die Verwendung von Kunststofffolie bewährt. Wir empfehlen den Einsatz einer synthetischen Kautschukfolie (EPDM). Sie ist langlebig, ökologisch am wenigsten bedenklich und lässt sich gut verarbeiten, da sie auch bei tieferen Temperaturen sehr flexibel ist. Ein Nachteil ist der höhere Preis, der aber durch die längere Lebensdauer ausgeglichen wird. Optimal ist eine Folienstärke von 1 bis 1,5 Millimeter. Eine solche Folie ist überall im Gartenhandel erhältlich.

Die endgültige Größe der benötigten Folie muss vor dem Bau ermittelt werden. Am besten heben Sie zunächst die Mulde aus, messen die Größe der Teichmulde, geben zur Sicherheit noch jeweils 40 Zentimeter in der Länge und Breite hinzu und kaufen erst dann die Folie.

Mit einem Bandmaß ermitteln Sie zuhause dann noch einmal die exakte Breite und Länge Ihrer Folie. Nun vergleichen Sie die beiden Maße. Entsprechen sie sich nicht, müssen an der Mulde Korrekturen vorgenommen werden. Keinesfalls darf die Folie für die Mulde zu klein sein. Nachträgliches Anstückeln der Folie ist nämlich nicht mehr möglich. Außerdem müssen Sie bedenken, dass die Folie rechteckig, der Teich aber abgerundet ist. Dazu kommt in den Ecken eine Faltenbildung, was nicht weiter schlimm, aber für die Größe der Folie von Bedeutung ist.

Zum Schutz der Folie wird beidseitig ein Vlies eingebaut, wie es auch bei Dachbegrünungen und zur Unterdrückung von Unkraut eingesetzt wird. Es besteht aus Polypropylen und sieht aus wie ein dicker Vorhangstoff. In der Regel ist es dort zu haben, wo es auch die Folie gibt.

Ist alles vorbereitet, kommt ein spannender Moment: In die fertig ausgehobene Teichmulde wird zuerst das Vlies, dann die Folie und obendrauf noch einmal Vlies gelegt. Das bewerkstelligt man am besten mit mehreren Menschen, denn man muss alles genau mittig auslegen und anschließend richtig gerade ziehen. Wichtig ist auch, dass Vlies und Folie sich gut an das Profil der Teichmulde anschmiegen.

Ein Schachtring aus Beton oder Kunststoff wird auf Vlies und Folie gesetzt. Später kann dort die Tauchpumpe eingesetzt werden.

In einer Ecke schaffen Sie mit Steinen eine Stelle, in die Sie später im Falle eines Wasserwechsels eine Tauchpumpe einsetzen können (siehe Abbildung auf dieser Seite). Der Pumpenschacht muss so gestaltet werden, dass der Kies dort nicht hineinfließen kann. Am besten gelingt dies mit einem Schachtring aus Beton oder Kunststoff (Durchmesser 30 Zentimeter, Länge 40 Zentimeter), wie er üblicherweise in der Entwässerungstechnik eingesetzt wird. Er wird auf das Vlies und auf die Folie gesetzt.

3. Kies, Steine und Wasser einfüllen

Jetzt kann der Kies eingefüllt werden. Wird in Ihrer Region Kies abgebaut, können Sie ihn gleich in der Kiesgrube kaufen. Bewährt hat sich Rundkies (Rollkies) mit einer Körnung von 8 bis 16 Millimeter, denn er enthält keine Feinanteile und ist gewaschen. Für einen 15 Quadratmeter großen Wasserspielplatz mit einer Tiefe von 30 Zentimeter brauchen Sie etwa 1,5 Tonnen, was ungefähr acht vollen Schubkarren entspricht. Zwei Fahrten mit einem PKW-Anhänger reichen aus, um den Kies in der Kiesgrube oder im Baustoffhandel lose zu besorgen. Ist kein Anhänger vorhanden oder in der Nachbarschaft auszuleihen, müssen Sie sich den Kies anliefern lassen.

Der Kies wird in die vorbereitete Teichmulde gekippt, was vor allem den Kindern richtig viel Spaß bereitet, denn sie können hier als vollwertige »Bauarbeiter« mit ans Werk gehen. Es wird so viel Kies eingefüllt, dass er glatt gestrichen 5 Zentimeter unter der Oberkante der Teichmulde liegt. Wie viel Kies genau gebraucht wird, lässt sich erst nach dem Einlassen des Wassers feststellen. Es kann sein, dass noch welcher nachgekippt oder auch wieder herausgenommen werden muss.

Anschließend werden die großen Findlinge auf der Fläche des Wasserspielplatzes verteilt. Sie dienen als Sitzplätze, Sprungsteine und Uferrandbefestigungen.

Zusätzlich kommen Baumstammstücke aus Eiche oder Robinie (Durchmesser 20 bis 30 Zentimeter) für die Einfassung des Wasserspielplatzes zum Einsatz. Dazu sind auch krumme Stammstücke, die zur organischen Form des Wasserspielplatzes passen, gut geeignet.

Die Stammstücke werden am Rand des Wasserspielplatzes auf das Vlies gelegt und mit Findlingen dort fixiert. Es hat sich auch bewährt, eine längliche Mulde zu modellieren, sodass die Stämme in einer Vertiefung liegen. Sie müssen dafür sorgen, dass sie nicht wegrollen können. Wegtragen können die Kinder sie nicht, dafür sind sie zu schwer.

Steine und Stammstücke verhindern, dass beim Spielen die Folie freigelegt wird, und schützen diese vor Schäden. Eines muss allerdings von Anfang an klar sein: Mit spitzen Gegenständen darf im Wasserspielbereich nicht hantiert werden. Wenn die Folie ein Loch bekommt, ist es vorbei mit dem Wasserspielspaß!

Zum Schluss werden die Oberrheinkiesel (Durchmesser 10 bis 30 Zentimeter) auf der Kiesfläche verteilt. Zusammen mit Kies und Wasser bilden sie das Spielmaterial.

Und jetzt kommt endlich das, worauf alle schon ganz ungeduldig warten: Das Wasser wird eingelassen. Der Gartenschlauch wird an die Wasserleitung angeschlossen, das Schlauchende wird in die Kiesfläche gehalten und der Wasserhahn wird aufgedreht. Es kann schon ein Weilchen dauern, bis das Wasser zu sehen ist. Ein paar Hundert Liter passen in den Kiesteich. Erst wenn der Wasserspiegel über das Kiesniveau steigt, bekommen Sie einen Eindruck davon, wie der Wasserspielplatz einmal aussehen wird. Schon jetzt aber werden Sie Ihre Kinder nicht davon abhalten können, in die Mulde zu springen und sich ganz dem Spiel mit Kies und Wasser hinzugeben.

4. Letzte Hand anlegen

Zum Schluss kommen noch ein paar wichtige Abschlussarbeiten. Dazu wird zunächst weiter Wasser eingelassen, bis es am Rand überläuft. Ist die Stelle, wo dies passiert, eher ungünstig, können Sie die noch überstehende Folie an dieser Stelle hochziehen, mit Erde unterfüttern und so den Wasserspiegel an dieser Stelle anheben. Diese Methode empfiehlt sich auch, wenn die Mulde trotz aller Sorgfalt nicht ganz waagerecht und der Wasserspiegel am Uferrand unterschiedlich hoch ist. Jetzt besteht noch die Chance, den Uferrand so weit zu verändern, dass das Wasser überall gleich hoch steht.

Normalerweise ist es nicht notwendig, einen geregelten Teichüberlauf anzulegen. Das Wasser, das den Teich z. B. nach einem starken Regen zum Überlaufen bringt, wird problemlos in den angrenzenden Flächen versickern.

Wenn Sie ganz sicher sind, dass der Wasserstand am Uferrand überall gleich hoch ist, können Sie die überstehende Folie und auch das Vlies mit einem Cutter abschneiden. Bitte die Folie aber nicht am Rand eingraben. Im ungünstigen Fall kann dies nämlich dazu führen, dass das umgebende Erdreich durch Kapillarwirkung (»Schwammeffekt«) den Kiesteich leersaugt. Die Kapillarwirkung ist sehr häufig für hohe Wasserverluste in Teichen verantwortlich. Man denkt, der Teich sei undicht, dabei sind es in den meisten Fällen die Verdunstung und der Kapillareffekt, die zu den Wasserverlusten führen. Gegen die Verdunstung können wir

Eine Kapillarsperre am Rand des Wasserspielplatzes oder des Teiches von Seite 41 verhindert, dass Wasser übers Erdreich entzogen wird. Die Folie wird hochgestellt und mit Kies und Steinen hinterfüttert.

nichts machen – und auch nicht dagegen, dass das Wasser durch das Schöpfen mit Förmchen, Gießkannen und Eimern »weggespielt« wird. Bei Bedarf sollte dann einfach nachgefüllt werden, was sich auch positiv auf die Wasserqualität auswirkt.

Der »Schwammeffekt« lässt sich jedoch ganz einfach mit einer »Kapillarsperre« verhindern: Wo der Rand des Wasserspielplatzes mit Baumstämmen befestigt ist, brauchen Sie die Folie nur hinter den Baumstämmen hochzuziehen und dann mit größeren Steinen zu fixieren, sodass sie nicht mehr herunterklappen kann. Die verbleibenden Lücken können Sie mit Kies auffüllen.

Wo der Rand flach verläuft, wird die Folie hochgestellt (siehe Abbildung auf Seite 35) und mit Kies und Steinen hinterfüttert (keine Erde verwenden!). Achten Sie darauf, diese Kapillarsperre so robust auszuführen, dass sie auch durch Betreten nicht zerstört wird.

Das den Teich umgebende Erdreich kann sich nun nicht mehr mit Wasser vollsaugen. Das Kernstück des Wasserspielplatzes ist damit fertig und kann zum Spielen freigegeben werden. Viel Spaß beim Spritzen, Matschen und Toben!

5. Wartung und Pflege

Abgesehen vom gelegentlichen Nachfüllen des Wassers ist der Wasserspielplatz sehr pflegeleicht.

Stehen Bäume in der Nähe, die im Herbst ihre Blätter verlieren, ist es sinnvoll, den Spielbereich rechtzeitig mit einem Netz abzudecken, damit die herabgefallenen Blätter sich nicht mit dem Kies vermischen. Das würde die Humusbildung und damit die Bildung von Nährstoffen begünstigen, was wiederum zu Algenbildung führen kann.

Hin und wieder kann es vorkommen, dass das Wasser verunreinigt ist und dann gewechselt werden muss. Im Sommer kann sich das Wasser stark aufheizen. Bei über 30 °C Wassertemperatur bilden sich Algen und das Wasser wird grün. Aus gesundheitlichen Gründen wäre dies nicht bedenklich, es macht aber nicht wirklich Spaß, in veralgtem Wasser zu spielen. Ernsthafte Probleme gibt es nur, wenn Fäkalien ins Wasser kommen. Dann ist wirklich dringend ein Wasserwechsel fällig.

Dafür kommt die bereits erwähnte Tauchpumpe ins Spiel. In den dafür vorbereiteten Schacht gesetzt, pumpt sie den Kiesteich leer. Das Wasser kann in geeigneten Bereichen des Gartens versickern. Besonders verunreinigte Stellen werden gesäubert, anschließend wird die Spielfläche mit frischem Wasser aus der Leitung wieder aufgefüllt. Seit 2005 darf in Wasserspielanlagen kein Regenwasser mehr verwendet werden, weil es vorkommen kann, dass die Kinder das Wasser trinken. Dieses Verbot gilt für den öffentlichen Bereich. Wie Sie es im privaten Hausgarten halten, bleibt Ihnen überlassen. Die Hygienevorschriften der Landesgesundheitsämter sind allerdings eine gute Richtschnur. Wir empfehlen Ihnen, sich daran auszurichten. Damit sind Sie auf der sicheren Seite.

Wasserspielplatz Plus – einige zusätzliche Spielelemente

Wir möchten Ihnen noch zwei schöne Erweiterungen, die auch später noch hinzugefügt werden können, vorstellen.

Eine Schwengelpumpe mit Matschtischen

Fließendes Wasser übt natürlich eine noch größere Faszination aus als stehende Pfützen und Teiche. Das Gefühl, das Wasser selbst fördern zu können und auch einen Einfluss darauf zu haben, wo es langfließt, ist sehr befriedigend. Es gibt im Fachhandel eine große Vielfalt von Pumpenmodellen, die für Wasserspielplätze geeignet sind. Am besten schauen Sie bei den Anbietern von Spielplatzgeräten nach.

Für den Bau der Matschtische verwenden Sie am besten wasserfest verleimte MDF-Platten, die in Größen von etwa 1 Quadratmeter und in verschiedenen Formen zugeschnitten werden. Auf die Ränder schraubt man gehobelte Latten (3 × 5 Zentimeter), damit das Wasser nicht an den Seiten abfließen kann. An einer geeigneten Stelle wird der Rand geöffnet, sodass das Wasser dort auf den nächsten, 10 bis 20 Zentimeter tiefer liegenden Tisch herunterfließen kann. Auf diese Weise bahnt sich das Wasser kaskadenartig seinen Weg.

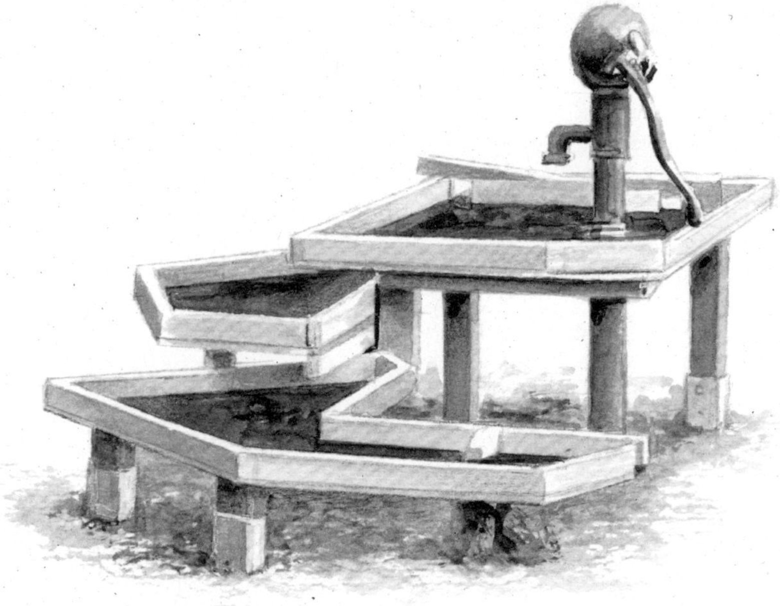

Ein Bachlauf

Falls Ihr Garten nicht ganz eben ist, sondern über ein gewisses Gefälle verfügt, bietet es sich an, den Wasserspielplatz um einen Bachlauf zu erweitern. Bachläufe erhöhen den Spielspaß und beflügeln die Fantasie. Gerade beim Modellieren eines Bachlaufs ist Experimentierfreude gefragt. Dann wird sich das Wasser immer neue Wege suchen, kleine Wasserfälle bilden, gurgeln und plätschern und durch eingefügte Staustufen kleine Wasserbecken bilden, in die sich die Kinder im Sommer gern hineinsetzen werden.

Auch der Bachlauf wird mit einer Folie abgedichtet, die von beiden Seiten von einem Vlies geschützt wird. Zuerst wird jedoch eine langgezogene Mulde modelliert. Je nach Geländebeschaffenheit kann der Bachlauf 5 Meter lang und etwa 1 Meter breit sein. Achtung: Bei zu starker Steigung fließt das Wasser zu schnell! Wer einen ebenen Garten hat, kann den Aushub der Kiesteichmulde als Hügel modellieren und sich so ein Gefälle schaffen, an dem ein Bachlauf entstehen kann.

Ebenso wie der Wasserspielplatz braucht der Bachlauf an den Rändern eine Kapillarsperre. Die Vlies-Folien-Kombination muss außerdem gut fixiert sein, damit sie nicht freigespielt werden kann. In der Regel geschieht dies mit größeren Steinen, die mit Magerbeton »festgeklebt« werden. Auch in den Bachlauf kommt Kies, der jedoch fixiert werden muss, damit er nicht weggespült wird. Bewährt hat sich eine Schicht Magerbeton (Estrichbeton) von etwa 5 Zentimeter Dicke, in die ein Drahtgeflecht (Kaninchendraht) eingelegt wird. (Das Geflecht dient als Armierung und verhindert, dass der Beton auseinanderbricht.) In den noch feuchten Beton wird dann der Kies hineingedrückt. Auf die gleiche Weise lassen sich auch Wasserbecken und Staustellen einbauen.

Nun müssen noch die Übergänge zwischen »Quelle« und Bach sowie zwischen Bach und Kiesteich so gestaltet werden, dass das Wasser auch in die gewünschte Richtung fließt und sich keine anderen Wege sucht. Spielen Kinder im Bachlauf, wird er mit großer Sicherheit immer wieder einmal andere Formen annehmen, die dem Wasser neue Wege bieten. Solange dies das Umfeld des Spielbereichs nicht ungünstig beeinflusst (z. B. ihre Terrasse überflutet oder die Staudenbeete in einen Sumpf verwandelt), sollten Sie den Aktivitäten Ihrer Kinder gelassen zusehen und sie gewähren lassen. Sie sind glücklich dabei!

Schöne Basteleien

Nuss-Schiffchen

Auf den wassergefüllten Mulden des Wasserspielbereichs können Bötchen schippern, die sich aus natürlichen Materialien von Kindern ganz leicht selbst herstellen lassen. Die einfachste Variante ist das Nuss-Schiffchen aus halben Walnussschalen, das aufs Wasser gesetzt und mit einem längeren Stock vom Rand der Wassermulde manövriert wird.

Eine stimmungsvolle Variante aus unserer Kindheit: In der Weihnachtszeit (unter Aufsicht eines Erwachsenen!) mit getropftem Wachs Kerzenstummel in den Schalenhälften fixieren, die Kerzen anzünden und die Lichtschiffchen in der Dämmerung auf einer der kleinen Wasserflächen auf die Reise schicken.

Schon etwas größer sind Segelbötchen aus Rinde oder Holz, für die sich die Kinder (vielleicht auf dem nächsten Waldspaziergang?) erst einmal einen schönen, leicht gebogenen Schiffsrumpf suchen müssen. Von innen ein kleines, aber nicht durchgehendes Loch bohren und einen Zweig hineinstecken. Ein gebogenes Blatt ergibt ein hervorragendes Segel.

Schiffchen ahoi!

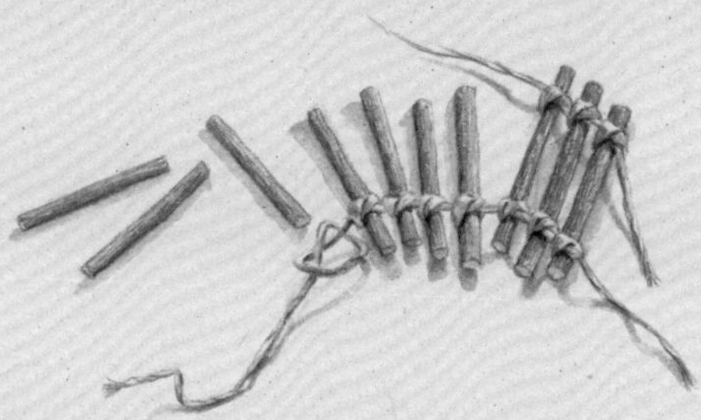

Mini-Wackelsteg

Sollen Spielfiguren in der Wasserspiel-Landschaft Flüsse und Schluchten überqueren oder »Abenteuerspielplatz« spielen, können Mini-Wackelstege nützlich sein. Für den Bau solcher Stege braucht man nichts weiter als viele gleich lange Stöckchen und ein großes Knäuel Schnur. Die Länge der Stöckchen bestimmt die Breite des Stegs.

Einen einfachen Knoten lose binden und nicht zuziehen. In die offene Knotenschlaufe ein Stöckchen schieben und die Schnur erst jetzt festziehen, sodass sie das eine Ende des Stöckchens umschließt. Nun die nächste Schlaufe bilden und das nächste Stöckchen festknoten. Ist die Stöckchenreihe lang genug, ist die andere Seite an der Reihe, bis auch hier alle Stöckchen gut verknotet sind. Mit der Schnur lässt sich der Mini-Wackelsteg nun an beiden Seiten an Pfeilern aus eingesteckten Stöcken festbinden.

Die einfache Variante

Haben wir als Kinder nicht einfach in Pfützen gespielt, jeden noch so kleinen Wasserlauf für unsere fantasiereichen Abenteuer in Beschlag genommen? Vielleicht fragen Sie sich, ob es nicht auch weniger aufwendig als in den vorgestellten Beispielen geht. Braucht es wirklich all diese Materialien und Arbeitsschritte, um Kindern das Spiel mit Wasser zu ermöglichen? Da ist etwas dran. Es gibt den Spruch: »Die guten Dinge sind einfach.« Wenn man den beherzigt, kann man durchaus einen Wasserspielplatz bauen, der ohne Folien, Beton und andere künstliche Zutaten auskommt. Wie wäre es z. B. mit einer großen Zinkwanne? Oder mit einer verdichteten Lehmkuhle, in der sich nach dem Regen das Wasser besonders lange hält. Sie müssen allerdings damit leben, dass diese Elemente nicht so dauerhaft sind. Allerdings ist der Aufwand, sie zu realisieren, auch nicht sehr hoch. Sie sparen Kraft, Geld und Zeit. Und Ihre Kinder freuen sich an diesen Dingen für kurze Zeit fast genauso wie an einem aufwendig gestalteten Wasserspielplatz.

Aus der vielfältigen Bandbreite der Möglichkeiten können Sie sich diejenigen heraussuchen, die Ihren Bedürfnissen am nächsten sind und die vor allem denen Ihrer Kinder entsprechen. Dann kann der gemeinsame Bauprozess sehr befriedigend sein.

Der Tierbeobachtungsteich

Ein naturnaher Garten lebt! Er bietet nicht nur Menschen einen Platz für Erholung und diverse Aktivitäten – er ist auch Lebensraum für viele wild lebende Tiere. Wie groß die Artenvielfalt ist, hängt vom Nahrungsangebot, den kleinklimatischen Verhältnissen und den Rückzugsmöglichkeiten für die Tiere ab. Indem wir diese drei Bereiche bewusst besonders günstig gestalten, können wir mehr Tiere in unseren Garten locken und dauerhaft ansiedeln – Anlass für zahlreiche interessante Naturbeobachtungsmöglichkeiten.

Ein Teich im Garten ist da genau das Richtige. Bei Naturschützerinnen und -schützern heißen Teiche »Feuchtbiotope«. Als echter Ersatz für ein Feuchtbiotop in der Natur ist ein Teich im Garten natürlich zu klein. Trotzdem kann man ihn unter dem Gesichtspunkt sehen,

dass er Feuchtigkeit liebenden Lebewesen einen artgerechten, in dieser Form in der freien Natur vielleicht nicht mehr ganz so häufig anzutreffenden Lebensraum bietet.

An der Beobachtung der Teichbewohner haben Kinder großen Spaß. Und auch für die restliche Familie ist es eine echte Bereicherung, wenn es am und im Teich kreucht und fleucht – wenn die Libellen schillernd über dem Wasser schweben, aus Kaulquappen langsam Frösche werden, Schwalben im Tiefflug über die Wasseroberfläche sausen und sich eines Tages sogar Molche im Teich einfinden. Wir brauchen dafür bloß die richtigen Voraussetzungen zu schaffen. Finden sie die geeigneten Bedingungen vor, siedeln sich die Tiere ganz von alleine an.

Kinder können davon nur profitieren. Sie lernen Tiere kennen, von denen sie bisher nichts ahnten, können deren Eigenschaften und Besonderheiten erforschen und schätzen lernen. Sie können ihrer angeborenen Neugier nachgehen und begreifen, dass sie selbst Teil einer vielgestaltigen Natur mit unendlichen Ausprägungen sind. Indem sie Tiere beobachten, ohne sie zu stören oder ihnen gar zu schaden, lernen sie, andere Lebewesen zu respektieren und treten so in einen Dialog mit der Natur.

Zu jedem Tierbeobachtungsteich gehört deshalb auch eine »Beobachtungsstation«. Ein freier Zugang zum Teich im Flachwasser ist wichtig, damit man hineinschauen kann. Ein schönes Holzdeck bietet Gelegenheit, sitzend oder auf dem Bauch liegend, die Unterwasserwelt zu ergründen und vielleicht auch

ein paar Kaulquappen oder Molche zu fangen (und sie hinterher natürlich wieder auszusetzen!). Wichtig ist, dass man die Tiere gut sehen kann, ohne sie zu stören. Scheue Tiere beobachten Sie am besten aus einem Versteck – das können z. B. etwas höhere Sträucher sein, zwischen denen Sie einen Beobachtungsplatz anlegen. (Falls Sie die Tiere fotografieren möchten, können Sie das aus einem »Tarnzelt« machen.) Nehmen Sie das Geschehen am Teich zum Anlass, mit Ihren Kindern über die dort anzutreffenden Tiere und Pflanzen zu sprechen, ohne freilich in allzu lange Belehrungen zu verfallen. Was tatsächlich zu sehen ist, sollte immer der Ausgangspunkt sein und reicht in vielen Fällen vollkommen. Eine sinnvolle Ergänzung ist natürlich ein schönes Kinderbuch zum Teichgeschehen.

Zusätzliche Elemente wie gezielt angelegte Steinhügel (als Amphibienversteck) oder Totholzhaufen (als Lebensraum für Käfer), eine Uferrandbepflanzung und eine Sumpfzone von 10 bis 20 Zentimeter Tiefe können die Artenvielfalt weiter fördern. Wie man sie anbringt, werden wir

Ihnen in diesem Kapitel ebenfalls zeigen. Zusätzlichen Beobachtungsspaß bringen Nisthilfen wie ein Insektenhotel oder das Auslegen eines Ameisen-Beobachtungssteins.

Wer sich viele Tiere am Teich wünscht, sollte allerdings auch immer auf deren Sicherheit achten. Damit der Teich nicht zur Falle für Igel, Spitzmäuse oder junge Vögel wird, sollten die Ufer flach sein. Bretter oder Natursteine, die ans Ufer führen, können darüber hinaus als Ausstiegshilfe dienen und sollten unbedingt mit eingeplant werden. Dann wird der Teich im Garten zu einer echten Bereicherung für Mensch und Tier!

Haben Sie rund ums Haus nicht viel Platz, kann zumindest eine kleine Wasserstelle aus einem gefüllten Fertigbecken oder Mörtelkübel anstelle des Teiches angelegt werden. (Tiefe, steil abfallende Kübel bis auf einen oberen Rand von etwa 5 bis 10 Zentimeter bitte mit Kies oder horizontal eingeschichteten Steinen auslegen und erst dann mit Wasser füllen, damit durstige Tiere, z. B. Igel, nicht in ein tiefes Loch fallen, aus dem sie nicht wieder herauskommen.)

Die Teichbewohner und ihre Bedürfnisse

Amphibien – Frösche, Kröten, Molche und Unken: Alle diese Tiere werden sich ganz von allein ansiedeln. Es macht keinen Sinn, sie in einem anderen Teich oder in der freien Natur einzufangen (was im Übrigen ohnehin verboten ist). Wildtiere wissen sehr genau, ob ein bestimmter Platz für sie geeignet ist. Haben Frösche oder Kröten einmal in einem Gewässer gelaicht, werden sie außerdem immer wieder dorthin kommen. Allerdings braucht es etwas Geduld. Und es kann auch sein, dass andere Tiere kommen, als man erwartet hat. Jahr für Jahr ist es immer wieder spannend, wer sich dort alles am Teich einfindet.

Insekten – Käfer, Libellen und Mücken: Die meisten Menschen mögen Libellen und wünschen sich, dass sie ihren Teich finden. Bei Mücken ist das schon etwas anderes – für viele sind sie bloße Plagegeister. Allerdings werden Mückenlarven am Teich meist von Schwalben sowie von Gelbrandkäfern und anderen räuberischen Insekten gefressen, sodass sie sich nur in Maßen vermehren können. (Regentonnen können da viel eher zu wahren Mückenbrutstätten werden.) Wer keine Angst vor Spinnen hat oder diese überwinden möchte, kann einen »Spinnenrahmen« neben den Teich stecken und seiner persönlichen Spinne bei der Arbeit zusehen (siehe »Basteleien« auf Seite 54).

Kleinsttiere – Wasserläufer, Rückenschwimmer, Wasserassel, Wasserschnecken: Die Kleinlebewesen im Teich haben für das biologische Gleichgewicht dieses Biotops eine große Bedeutung. Wasserschnecken z. B. ernähren sich überwiegend von Algen und sorgen so dafür, dass das Teichwasser klar bleibt.

Vögel: Überall, wo es Wasserflächen gibt, sind auch die Vögel schnell da. Sie nutzen das Wasser als Tränke oder als Badewanne – und sie freuen sich über das Nahrungsangebot! Wer schon einmal beobachtet hat, wie Schwalben im Sturzflug bis zur Wasseroberfläche sinken, um dann ebenso elegant wieder durchzustarten, kann sich dieser Faszination nicht mehr entziehen.

Fische: Sie sind in einem Gartenteich nur bedingt willkommen. Kleine, einheimische Arten schaden nicht, wenn der Teich groß genug ist. Größere, exotische Tiere wie Goldfische haben in einem naturnahen Teich nichts zu suchen. Sie erhöhen mit ihren Ausscheidungen den Nährstoffgehalt des Teiches und fressen kleinere Tiere sowie den Laich von Fröschen, was der Artenvielfalt gar nicht gut bekommt.

Das wird gebraucht

Standort und Platzbedarf:

- Eine ebene Fläche von 20 – 30 m², am besten mit normalem Gartenboden, eignet sich am besten.
- Der Standort sollte halbschattig sein, wegen des Blattfalls im Herbst aber nicht unter Bäumen liegen.
- Ein Gartenteich lässt sich besonders gut im Frühsommer bauen.
- Eine natürliche Form mit verschiedenen Wassertiefen wird angestrebt.

Materialbedarf (für 30 m²):

- Teichfolie EPDM (synthetischer Kautschuk), 1 mm dick, 20 % größer als die Wasserfläche (36 m² bei 30 m² Fläche) – die genauen Abmessungen werden nach dem Graben der Mulde ermittelt.
- 2 Schutzvliese aus Polypropylen (zum Schutz der Folie) in gleicher Größe wie die Teichfolie, 300 g/m²
- 10 Findlinge (Durchmesser 30 – 50 cm)
- 3 t Wandkies (ungewaschener, ungesiebter Kies aus der Kiesgrube) mit Feinanteilen
- Kokosfasernetz (»Böschungsmatte«)
- Wasserpflanzen
- Staketenzaun aus Robinie oder Lärche (bei kleinen Kindern)

Werkzeugbedarf:

- Wäscheleine, kurze Holzpflöcke
- Spaten, Schaufeln, Rechen
- Schubkarren, Eimer
- Wasserwaage, Richtlatte
- Schnur (zum Ausmessen der Teichgröße)
- Gartenschlauch
- Cutter

Arbeitsschritte:

- Teichform wählen und markieren.
- Rand mit Spaten abstechen.
- Teichfläche in drei verschiedenen Tiefezonen bis maximal 80 cm ausheben (Flachwasser 20 cm, normal 50 cm, tief 80 cm).
- Steine vom Teichgrund entfernen, Vlies oder Sand zum Schutz der Folie einbauen. (Sand ist ökologischer, wenn er ortsnah beschafft werden kann.)
- Folie verlegen, am Rand überstehen lassen, Falten glätten.
- Vlies auf die Folie legen.
- Findlinge am Rand einbauen.
- Kokosgeflecht am Teichrand einbauen.
- Wandkies in einer Schicht von etwa 20 cm einfüllen.
- Wasser einlassen, Überlauf definieren.
- Kapillarsperre am Rand ausführen.
- Teich bepflanzen.

Kleine Kinder schützen

Die Angst, dass Kinder in einem Teich ertrinken könnten, ist nachvollziehbar. Leider gibt es immer wieder derartige Fälle. Deshalb ist es besonders wichtig, Maßnahmen zu treffen, damit die Sicherheit gewährleistet ist.

Generell muss ein Grundstück, auf dem sich ein Gartenteich befindet, eingezäunt sein, damit Kinder aus der Nachbarschaft nicht unbemerkt zum Teich gelangen können. Darüber hinaus gibt es verschiedene Möglichkeiten, den Teich so zu sichern, dass kleine Kinder nicht zu Schaden kommen: Man kann direkt unterhalb der Wasseroberfläche ein Armierungsgitter einbauen, den Teichrand dicht mit dornigen Sträuchern (z. B. Wildrosen oder Brombeeren) bepflanzen, einen Alarmbewegungsmelder auf der Wasseroberfläche anbringen oder den Teich mit einem etwa 80 Zentimeter hohen Staketenzaun umrunden, solange die Kinder klein sind. Die letzte Variante hat sich als die beste erwiesen. An der Teichseite mit Flachwasserzone kann man ein Tor anbringen, das die Kinder nicht alleine öffnen können.

Sie mögen einwenden, dass es keinen Sinn macht, einen Teich zur Beobachtung von Wildtieren zu bauen, der nicht frei zugänglich ist. Wenn Ihnen dies nicht behagt oder Sie trotz aller Sicherungsmaßnahmen immer noch ein ungutes Gefühl haben, warten Sie lieber ein paar Jahre mit dem Teichbau, bis die Kinder größer sind.

Und so wird's gemacht

1. Teichmulde graben

Ist ein geeigneter, halbschattiger Platz gefunden, kann das Anlegen des Teiches beginnen. Wichtig ist jetzt natürlich erst einmal die Frage der Größe, die sowohl zum restlichen Garten als auch zu den sonst noch geplanten Elementen passen muss. Die Materialmengen in dieser Beschreibung sind für einen 30 Quadratmeter großen Teich berechnet. Planen Sie Ihren Teich nicht zu klein, denn die sichtbare Wasserfläche wird durch die Wasserpflanzen schon nach zwei bis drei Jahren deutlich eingeschränkt.

Haben Sie sich schon für die Form Ihres zukünftigen Teichs entschieden? Ein kreisrunder oder streng ovaler Teich würde künstlich wirken. Für einen naturnahen Teich sollten Sie deshalb eine asymmetrische Form und geschwungene Linien wählen, die an einen natürlichen Weiher erinnern. Markieren Sie die gewählte Form mit einer Wäscheleine oder einem Gartenschlauch. Die Form des Teiches und seine Lage im Garten treten jetzt deutlich zutage und Sie haben Gelegenheit, sie noch je nach Geschmack und optischem Eindruck zu verändern. Experimentieren Sie ruhig über mehrere Tage, bis alle Beteiligten zufrieden sind und das gute Gefühl haben, dass sich der Teich harmonisch in den Garten einfügen wird. Dann schlagen Sie rund um die ausgelegte Markierung kurze Holzpflöcke ein.

Jetzt geht's ans Buddeln und dabei hilft, wie auch beim Wasserspielplatz auf

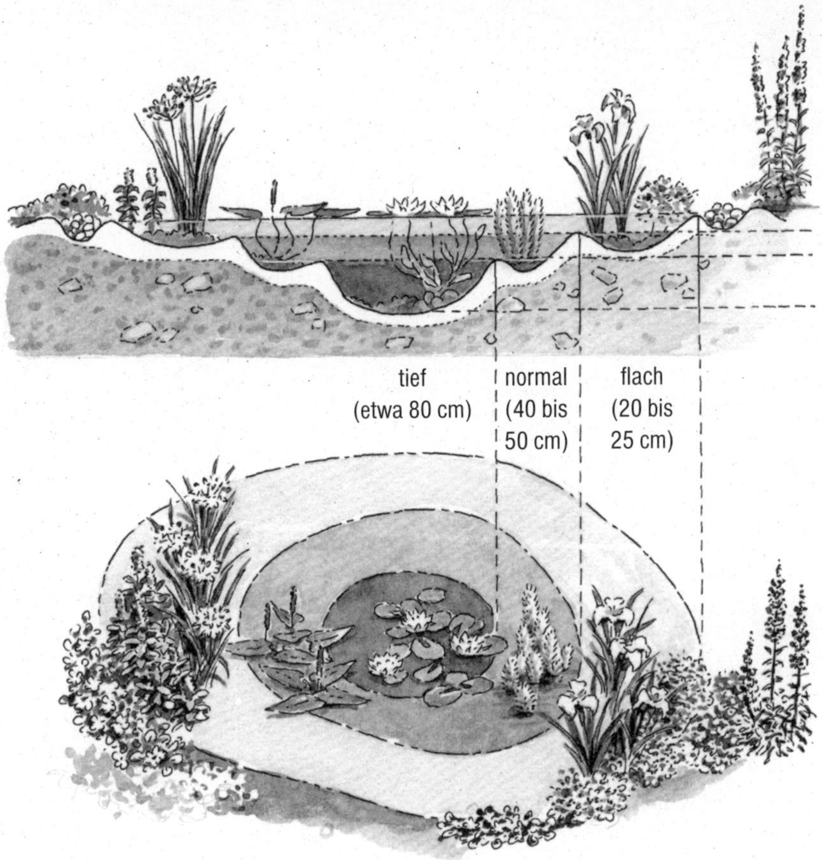

Der Tierbeobachtungsteich hat drei verschiedene Tiefen. Die einzelnen Zonen können vor dem Buddeln mit Pflöcken oder Seilen markiert werden.

Seite 30 beschrieben, am besten die ganze Familie mit. Ein bisschen kniffliger als beim Wasserspielplatz wird es allerdings durch die unterschiedlichen Tiefenbereiche im Teich. Es gibt drei verschiedene Tiefen. Erst werden eine 20 Zentimeter tiefe Schicht, dann eine kleinere, 40 bis 50 Zentimeter tiefe Schicht und zuletzt die innere Schicht mit 80 Zentimeter Tiefe ausgehoben, wobei sich die weiteren Zonen gut vorher mit Pflöcken abstecken bzw. mit Seil oder Gartenschlauch markieren lassen.

Besonderer Aufmerksamkeit bedarf der Uferrand, der nicht senkrecht abgestochen werden darf, sondern ein Gefälle von 30 bis 45 Grad bekommen soll.

Ist die Teichmulde fertig ausgehoben, muss gemessen werden, ob das zukünftige Wasserniveau an jeder Stelle des Teichrands gleich hoch ist. Dafür sind mehrere Methoden geeignet. Am einfachsten ist das Messen mit einer Richtlatte und einer Wasserwaage. Dazu schlagen Sie in der Mitte der Mulde einen Pfahl in den Boden, dessen Ende ein paar Zentimeter über das zukünftige Teichniveau ragen sollte, oder stapeln in entsprechender Höhe einige Ziegelsteine auf. Darauf legen Sie eine möglichst gerade Richtlatte und wiederum darauf Ihre Wasserwaage. Mit der Richtlatte können Sie jetzt nach und nach den gesamten Teichrand im Kreis abfahren und prüfen, ob Ihr zukünftiger Teich »waagerecht« ist. Durch Abgraben oder Aufschütten von Erde können Sie das Uferrandniveau korrigieren. (Aufgeschüttete Erde muss mit den Füßen oder einem Stampfer gut verdichtet werden.)

Nun brauchen Sie nur noch alle Steine vom Teichgrund zu entfernen – und es kann ans Abdichten gehen.

2. Teichmulde abdichten

Wie beim Wasserspielplatz auf Seite 27 wird auch hier zum Schutz der Folie beidseitig ein Vlies eingebaut. Wegen der unterschiedlichen Tiefenzonen ist das Ermitteln der benötigen Größe beim Teich allerdings ein bisschen komplizierter. Ganz zuverlässig lässt sie sich mit einer ausreichend langen Schnur berechnen, die jeweils an der längsten und der breitesten Stelle bis zum geplanten Uferrand über Kreuz ausgelegt wird. Achten Sie darauf, dass die Schnur tatsächlich gerade und in allen Tiefenbereichen glatt auf der Erde liegt. Anschließend können Sie die Schnüre vermessen und so die Länge und Breite der Folie und der Vliese ermitteln. Bei Länge und Breite sollten Sie beim Folienkauf mindestens 80 Zentimeter hinzurechnen. Dieser Überstand gibt den nötigen Spielraum für die unvermeidliche Faltenbildung sowie die Gestaltung des Uferrands.

Für den nächsten Schritt sind auf jeden Fall tüchtige Mitwirkende notwendig, denn nun wird in die fertig ausgehobene Teichmulde zuerst das Vlies, dann die Folie und obendrauf noch einmal Vlies gelegt. Dies erfordert große Sorgfalt, weil es sehr wichtig ist, dass Vlies und Folie sich gut an das Profil der Teichmulde anschmiegen. Ein guter Tipp: Wählen Sie für diese Arbeit einen sonnigen Tag und machen Sie sich die Sonne zur willkommenen Helferin, indem Sie die Folie neben dem Teich auslegen und von der Sonne erwärmen lassen – sie wird dadurch deutlich geschmeidiger! Bei der auf Seite 32 empfohlenen EPDM-Folie ist dies allerdings nicht unbedingt notwendig, sie ist geschmeidiger als andere Folien; sie ist zudem viel langlebiger.

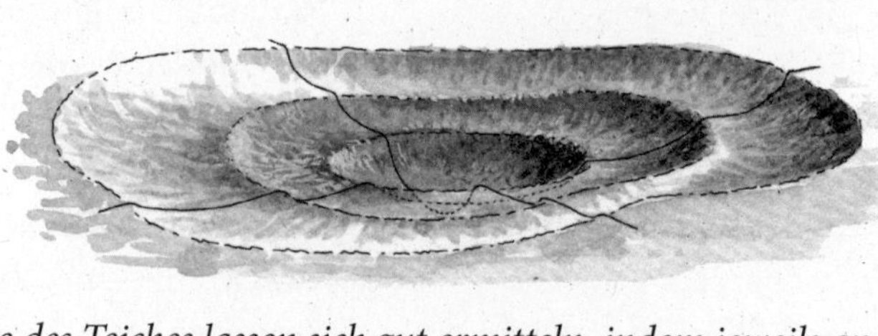

Länge und Breite des Teiches lassen sich gut ermitteln, indem jeweils an der längsten und an der breitesten Stelle eine Schnur über Kreuz ausgelegt wird. Anschließend werden die Schnüre vermessen. Nun wissen Sie, wie groß Vliese und Folie sein müssen (Sicherheitszuschlag nicht vergessen).

(Falls Sie Sand zur Verfügung haben, können Sie den Schutz der Folie gegen spitze Steine auch damit gewährleisten. Einfach anstelle des unteren Vlieses eine Sandschicht von etwa 5 Zentimeter in der Teichmulde verteilen und darauf dann die Folie legen.)

Trotz aller Bemühungen wird es sich nicht vermeiden lassen, dass sich in den Übergangsbereichen zwischen den einzelnen Tiefenzonen und in den Kurven Falten bilden. Steigen Sie – ohne Schuhe! – vorsichtig in die Teichmulde, drücken Sie die Folie dort, wo sie noch nicht glatt aufliegt, noch einmal fest und glätten Sie die faltigen Bereiche, so gut es eben geht.

Am Ende dieses Arbeitsschrittes sollte die Folie die Mulde möglichst überall glatt ausfüllen und am zukünftigen Uferrand etwa 40 Zentimeter überstehen. Diesen Überstand bitte auf keinen Fall abschneiden – er wird später noch gebraucht!

3. Kies und Wasser einfüllen

Nun folgt das Befüllen des Teiches, das vor allem Kindern Spaß macht. Ziehen Sie sie unbedingt in dieser Phase als »Bauarbeiter« heran.

Als Teichsubstrat bewährt hat sich »Wandkies« – ungesiebter und ungewaschener Kies direkt aus der Kiesgrube. Für einen 30 Quadratmeter großen Teich mit einer Tiefe von 80 Zentimeter brauchen Sie etwa 3 Tonnen. Ist in Ihrer Region keine Kiesgrube vorhanden, können Sie auch Estrichsand verwenden. Sie bekommen ihn überall im Baustoffhandel, da er zur Betonherstellung benötigt wird.

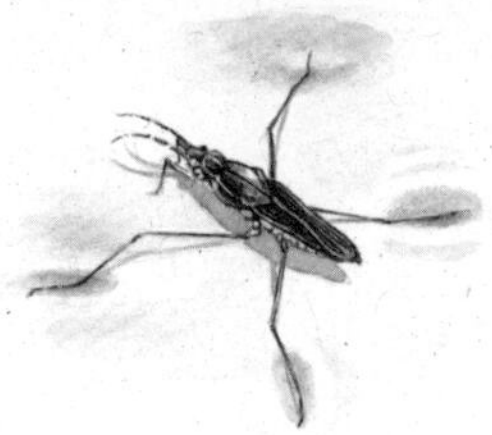

Der Kies wird gleichmäßig auf dem Vlies verteilt. An den Böschungen (vor allem an den steileren) kann ein grobmaschiges Kokosfasernetz eingebaut werden. Als Böschungsmatte gibt es dieses Netz im Fachhandel als Rollenware, meist in einer Breite von 1 Meter. Es wird auf das Vlies am Teichrand aufgelegt und mit Steinen fixiert. Weil sich der Kies in den Maschen verfängt, verhindert das Netz, dass er abrutschen kann. Wichtig ist, dass Sie nährstoffarme Materialien in Ihren Teich einbringen. Nährstoffe werden schon genügend durch den Regen eingetragen, ein zu großer Nährstoffgehalt fördert die Algenbildung.

Anschließend können Sie die großen Findlinge (30 bis 50 Zentimeter im Durchmesser) am Uferrand verteilen. Sie dienen zur Befestigung, aber auch als Sitz- und Beobachtungsplätze. Alternativ können Baumstammstücke aus Eiche mit 20 bis 30 Zentimeter Durchmesser am Uferrand ausgelegt werden (in einer Mulde oder mit Steinen fixiert, damit sie nicht wegrollen).

Und nun heißt es endlich: Wasser marsch! Mit einem an die Wasserleitung angeschlossenen Gartenschlauch wird der Teich aufgefüllt. Weil einige Hundert Liter Wasser benötigt werden, dauert das eine ganze Weile, aber es macht Spaß, dem langsamen Steigen des Wasserpegels zuzusehen und dabei Wetten abzuschließen, wann er oben angekommen ist.

Geben Sie so lange Wasser zu, bis der Teich anfängt überzulaufen. Geschieht dies an einer ungünstigen Stelle, können Sie dies noch korrigieren, indem Sie die überstehende Folie hochziehen, mit Erde unterfüttern und so den Wasserspiegel an dieser Stelle anheben. Auch wenn der Wasserspiegel am Uferrand unterschiedlich hoch ist, der Teich also nicht ganz »waagerecht« ist, kann diese Methode zum Einsatz kommen. Gleichzeitig können Sie einen bewusst definierten Überlauf anlegen: Das Wasser, das den Teich hier, z. B. nach einem starken Regen, zum Überlaufen bringt, kann in den angrenzenden Flächen versickern (natürlich nur auf dem eigenen Grundstück).

Steht das Wasser am Uferrand überall gleich hoch, können Sie die überschüssige Folie hochziehen. Am Rand eingraben sollten Sie sie nicht, weil dies im ungünstigen Fall dazu führen kann, dass Ihr Teich von dem umliegenden Erdreich durch Kapillarwirkung »leergesaugt« wird. Um dieses auch »Schwammeffekt« genannte Phänomen in jedem Fall zu vermeiden, sollte eine sogenannte Kapillarsperre angebracht werden. Wie beim Wasserspielplatz (siehe Seite 35) beschrieben, wird dafür der Rand der Folie hochgezogen und mit Kies und Steinen (nicht mit Erde!) hinterfüttert. Von innen wird die Folie ebenfalls mit Steinen befestigt oder es wird Kies auf die Böschungsmatte gegeben. Ganz zum Schluss können Sie die überschüssige Folie und das Vlies mit dem Cutter abschneiden.

4. Bepflanzen

Bei der Bepflanzung Ihres Teiches sollten Sie Sparsamkeit walten lassen. Wasserpflanzen vermehren sich schnell, vor allem in warmen Sommern. Sie können davon ausgehen, dass die Wasserfläche Ihres Teiches nach drei Jahren zur Hälfte mit Pflanzen zugewachsen ist. Vor allem sollten Sie keine ausläuferbildenden Pflanzen wie Schilf einsetzen. Diese vermehren sich so stark, dass Sie sie kaum im Zaume halten können.

Pflanzen sind aber auch wichtig als Versteck und Nahrung für Tiere – und vor allem für die Nährstoffreduzierung. Eine Vorschlagsliste zur Bepflanzung Ihres Tierbeobachtungsteichs finden Sie auf der nächsten Seite.

Damit das Leben im Teich einen schnelleren Start hat, können Sie den Teich »impfen«. Sie holen sich dazu einen Eimer voll Teichwasser aus einem anderen Gartenteich. Am besten ist es, wenn dort schon Wasserschnecken im Teich leben, weil diese der Algenbildung vorbeugen. Falls Sie keinen Teichbesitzer kennen, können Sie auch warten, bis von allein etwas passiert. Es dauert länger, ist aber auch spannend.

Der Naturbeobachtungsteich ist natürlich auch für die Erwachsenen noch attraktiv, wenn die Kinder längst ausgezogen sind. Je länger ein solcher Teich besteht, desto vielfältiger entwickelt er sich. Richten Sie sich dann am besten in der Nähe einen schönen Sitzplatz ein. Bei einer Tasse Tee können Sie die Blicke übers Wasser schweifen lassen und den Alltag für einen Moment vergessen.

Pflanzen für den Tierbeobachtungsteich (Auswahl)

Deutscher Name	*Botanischer Name*	**Wuchshöhe* (cm)**	**Wassertiefe (cm)**
Uferpflanzen			
Knoten-Braunwurz	*Scrophularia nodosa*	40 – 60	
Schlangen-Knöterich	*Polygonum bistorta*	30 – 80	
Sumpfpflanzen			
Blutweiderich	*Lythrum salicaria*	90 – 150	0 – 20
Echtes Mädesüß	*Filipendula ulmaria*	50 – 150	0 – 3
Fieberklee	*Menyanthes trifoliata*	20 – 40	5 – 10
Gilbweiderich	*Lysimachia vulgaris*	100 – 150	0 – 10
Schwanenblume	*Butomus umbellatus*	50 – 130	5 – 30
Sumpfdotterblume	*Caltha palustris*	20 – 40	5 – 10
Sumpfschwertlilie	*Iris pseudacorus*	60 – 80	0 – 20
Sumpfvergissmeinnicht	*Myosotis palustris*	25 – 35	0 – 5
Unterwasserpflanzen			
Hornkraut	*Ceratophyllum demersum*	0	30 – 100
Wasserfeder	*Hottonia palustris*	5 – 10	10 – 30
Schwimmblattpflanzen			
Kleine Teichrose	*Nymphar pumila*	0 – 10	20 – 100
Wasserknöterich	*Polygonum amphibium* var. *aquaticum*	0 – 20	30 – 100

** über dem Wasserspiegel*

Tierbeobachtung Plus – für eine größere Artenvielfalt im Garten

Der Ameisen-Beobachtungsstein

Was sich unterhalb der Bodenkante in unserem Garten abspielt, ist unseren neugierigen Blicken leider in der Regel entzogen. Willkommene Einsichten für Groß und Klein schafft hier ein Beobachtungsstein, der die Wärme speichert und dadurch die Ansiedlung von Kleinlebewesen fördert. Ameisen, Asseln, Steinläufer, Laufkäfer, Spinnen, Ohr- und Regenwürmer, Tausendfüßer, Käferlarven und viele andere mehr finden unter dem Stein einen willkommenen Unterschlupf.

Der trittfeste Beobachtungsstein aus Holz-Sand-Beton, den es fertig zu kaufen gibt (siehe Bezugsadressen auf Seite 156), ist auf einem rutschsicheren Metallrahmen mit integrierter Acrylplatte angebracht. Man kann ihn bedenkenlos zumindest vorübergehend aufnehmen, das Leben unter dem Boden betrachten, ohne dass z. B. die Brut oder das Gangsystem der Ameisen beschädigt oder gar zerstört wird. Wichtig: Den Stein anschließend sorgfältig wieder auflegen!

Platzieren Sie ihn ruhig in unmittelbarer Nähe Ihres Tierbeobachtungsteichs auf dem flachen Gartenboden. Je nachdem, ob dieser aus Erde, Sand oder Kies besteht, kommt es zu einer unterschiedlichen Besiedlung. Diesen Effekt können Sie sich zunutze machen und mit denkbar geringem Aufwand eine regelrechte Versuchsreihe mit verschiedenen Untergründen starten. Der Blick unter den Beobachtungsstein gehört so bald zu jedem Gartenbesuch dazu und macht Ihren Kindern immer wieder Freude.

Der Steinhügel

Aus unterschiedlich großen Steinen wird ein Hügel mit möglichst verschieden großen Hohlräumen angelegt. Dort können sich Kröten, Spitzmäuse und Eidechsen eine Wohnung einrichten. Sind die Hohlräume groß genug, hat sogar ein Igel Platz. Alternativ könnten Sie an der wind- und wetterabgewandten Seite des Hügels eine »Igelhöhle« mit isoliertem Boden einbauen, die man fertig kaufen kann (Bezugsadressen auf Seite 156). Am einfachsten ist es, wenn Sie für den Hügel Steine nehmen, die vom Bau anderer Gartenelemente übrig geblieben sind.

Wird der Steinhügel von der Sonne beschienen, werden sich dort eher wärmeliebende Tierarten ansiedeln. Im Schatten werden sich Moose entwickeln, die wiederum Lebensraum für viele kleine Insekten sind.

Auf jeden Fall ist es wichtig, gemeinsam mit den Kindern verbindliche Regeln aufzustellen, z. B.: »Diese Steine sind tabu und dürfen nicht verbaut werden, um den Tieren nicht ihr Zuhause zu nehmen.«

Falls Sie Kalksteine verwenden, sollten Sie darauf achten, dass diese keine Verbindung zum Teichwasser haben, da der Kalk als Dünger wirkt und so den Nährstoffgehalt des Wassers erhöht, was wiederum zu Algenwachstum führen kann.

Der Totholzhaufen

Je vielfältiger die Strukturen, das Material und das Kleinklima im Umfeld des Teiches, desto größer auch die Artenvielfalt. Wurzeln und Baumstämme, die langsam vermodern, sind nicht nur schön anzusehen (niemand kann sich der Faszination eines Urwaldes entziehen!), sondern bilden auch Lebensraum für unzählige Tierarten. 25 Prozent aller Käferarten sind auf Totholz angewiesen. Diese Kleinstbiotope leben und verwandeln sich im Laufe der Zeit ganz allmählich wieder zu Erde.

Eine interessante Variante eines Totholzhaufens ist ein langgestreckter Reisighaufen. Damit können Sie die beim jährlichen Baumschnitt anfallenden Äste und Zweige sinnvoll weiterverwerten, zum andern können Sie damit Ihren Teich an steileren Uferstellen wirksam absichern, damit niemand hineinfallen kann.

Wartung und Pflege des Gartenteichs

In trockenen Zeiten muss gelegentlich Wasser nachgefüllt werden.

Werden im Herbst doch öfter einmal Blätter ins Wasser geweht, ist es sinnvoll, den Teich alle drei Jahre auszuräumen und von den verrotteten Blättern zu befreien. Die Blätter begünstigen die Bildung von Humus und Nährstoffen, was wiederum im Wasser die Algenbildung fördert.

Haben sich Algen gebildet, können Sie diese mit einem Teichkescher herausfischen. Achten Sie dabei jedoch immer darauf, dass Sie keine Wassertiere wie Teichschnecken, Libellenlarven oder Teichmolche versehentlich mit entfernen.

Nach zwei bis drei Jahren sind die Pflanzen im Teich so stark gewachsen, dass sie zum Teil ausgeräumt werden müssen. Das macht man am besten im August, wenn die Wassertemperatur angenehm ist und man ohne zu frieren in den Teich steigen kann. Sicherlich bringt man dadurch das Biotop durcheinander – vergleichbar mit einem Erdbeben für uns Menschen. Das Leben im Teich wird sich aber bald wieder beruhigen.

Ansonsten zählt der Gartenteich zu den pflegeleichten Gartenelementen. Ja, Sie sollten ihn bewusst möglichst in Ruhe lassen und nicht zu häufig eingreifen. Die Bewohner werden es Ihnen danken!

Schöne Basteleien

Mini-Insektenhotel

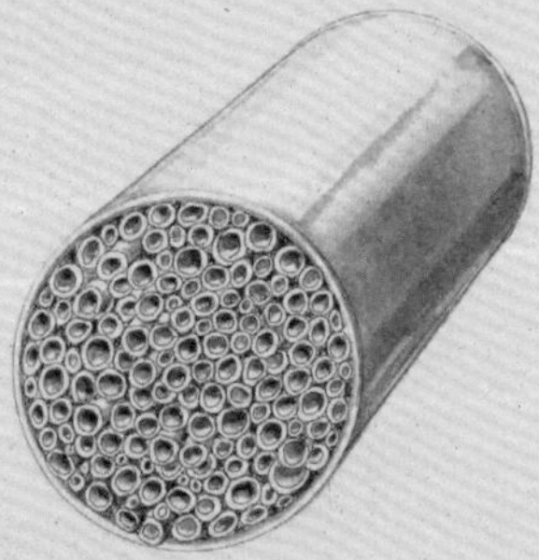

An jedem Teich, und sei er auch noch so klein, siedeln sich sehr schnell viele unterschiedliche Tierarten an, die das Wasser als Tränke oder auch als Badewanne nutzen. Eine sinnvolle Ergänzung sind deshalb Brutmöglichkeiten vor allem für Wildbienen und andere solitär (also ohne Volk) lebende Insekten. Sie benötigen kleine Löcher für ihre Brut, die man ihnen gezielt in einem »Insektenhotel« anbieten kann.

Für eine ganz einfache Variante verschieden dicke, hohle Stängel (z. B. Schilf, Stroh, Bambus, Himbeere, Sommerflieder, Liebstöckel) sammeln und entweder zu dicken Rollen zusammenbinden oder in Blechbüchsen oder Holzschachteln stecken. (Achtung: Nur Halme mit Halmknoten wählen, die in der Mitte oder am Ende geschlossen sind.) Passend lange Holzstammstücke mit verschieden dicken Bohrern von 2 – 10 mm »durchlöchern«. (Achtung: Nicht ganz durchbohren!) Gemeinsam mit den Halmen in einen alten Holzkasten stecken und an einer sonnigen, wind- und regengeschützten Stelle fest und stabil aufhängen.

Spinnenrahmen

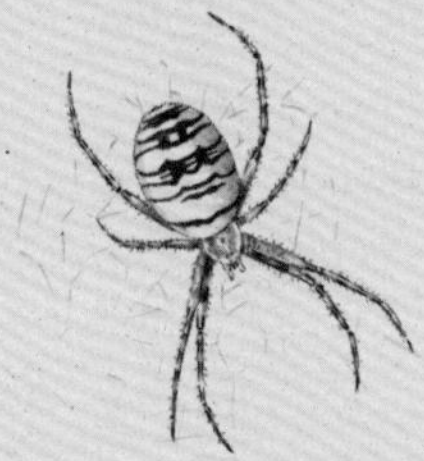

Der »Ekel« vor Spinnen weicht oft großer Hochachtung, wenn man ihre kunstvollen Netze bewundert. In der Abendsonne oder morgens, von Tautropfen benetzt, erstrahlen sie in eindrucksvoller Schönheit. Bringen Sie das Netz Ihrer ganz persönlichen Gartenspinne besonders schön zur Geltung, indem Sie ihr mit Ihren Kindern einen Spinnenrahmen bauen:

Aus einfachen Holzleisten einen etwa 20 – 30 cm großen, rechteckigen Rahmen zusammenschrauben oder -nageln und auf einem Metall- oder Holzpfahl möglichst tief in die Erde stecken. In einer Ecke zwei dünne, dreieckige Brettchen so anbringen, dass ein kleiner Hohlraum entsteht. Auf diese Weise bekommt die Spinne ein bequemes Quartier, wo sie vor Wind und Wetter sowie vor ihren natürlichen Feinden gut geschützt ist und in Ruhe auf ihre Beute warten kann. Der sogenannte Signalfaden, der ihr über entsprechende Erschütterungen meldet, dass ihr ein Tier ins Netz gegangen ist, wird von der Spinne so angelegt, dass er direkt in dieses Quartier führt.

Bei jedem Gang zum Gartenteich können Sie und Ihre Kinder nach der Spinne schauen. Führen Sie vorsichtig eine kleine Erschütterung herbei (ohne freilich das Netz zu verletzen), und die Spinne wird sich zeigen und nach dem Rechten sehen.

Der Sandspielbereich

Sandkasten, Schaukel, Rutsche – so sahen jahrzehntelang unsere Spielplätze aus. Später wanderten die immer gleichen, aus Holz oder Plastik industriell gefertigten Spielgeräte auch in die privaten Hausgärten. »Müssen solche Geräte so fantasielos sein?«, fragt man sich. Wie gering ihr Spielwert ist, sieht man meist schon auf einen Blick. Wie viele öffentliche Kinderspielplätze sind häufig verwaist, weil die Lust zu spielen dort relativ schnell vergeht? Sie sind einfach zu langweilig. Wie es auch anders geht, wollen wir in unserem Buch aufzeigen.

Denken wir noch einmal an den typischen »Sandkasten«. Er ist in der Regel quadratisch, meist 2 × 2 Meter groß, mit Brettern oder auch mit Kunststoff eingefasst. Er lässt sich preisgünstig herstellen, leicht transportieren und mit vier Säcken Spielsand ruck, zuck füllen – bietet aber wenig Anregungen zum fantasievollen Spielen. Stellen wir uns dagegen einen von einem LKW für eine Baumaßnahme angelieferten Sandhaufen vor. Er ist etwa 1 Meter hoch und hat eine Ausdehnung von 3 × 5 Meter. Solch ein Sandhaufen zieht Kinder geradezu magnetisch an. Er wird sofort erobert und in kürzester Zeit in eine so vielgestaltige Spiellandschaft mit Wegen, Höhlen, Tunneln und Aussichtsplattformen verwandelt, dass es eine wahre Freude ist. Die Kinder schaffen sich hier ihre eigene Welt, die sich täglich verändert, sich ihren Ideen und Spielbedürfnissen anpasst und sich ständig im Spielfluss befindet.

Das Beispiel zeigt, dass es häufig nur der elementarsten Grundmaterialien bedarf, um die Fantasie der Kinder

in Gang zu setzen. Die Gestaltung dieser Materialien geschieht ganz allein nur durch das Spielen. Unter Spielraumexperten ist der Ausspruch beliebt: »Das beste Spielelement ist der nackte Erdhügel.« Mit ihm werden die Bedürfnisse nach Buddeln, Matschen und Bauen wunderbar abgedeckt.

Beim Sand ist es ähnlich. Er ist formbar, rieselt wunderbar leicht durch die Finger, man kann sich hineinlegen, er nimmt jede erdenkliche Form an und wird in der Sonne herrlich warm. Schon Babys sind von Sand fasziniert (und wollen natürlich erst einmal ausprobieren, wie er denn eigentlich schmeckt …).

Mit ein bisschen Wasser gemischt, lässt sich Sand sehr gut modellieren. Schon die kleinsten Kinder haben Spaß an der Sandbäckerei. Kleine Förmchen helfen beim Kuchenbacken, aber es sind natürlich auch unzählige frei gestaltete Ausformungen möglich. Ältere Kinder bauen Burgen und andere komplizierte Anlagen, die ihnen als Grundlage zum Spielen dienen. Zur hohen Kunst werden Sandskulpturen bei den jährlich stattfindenden Ausstellungen, z. B. beim »Sandsation«-Festival in Berlin. Es ist erstaunlich, was dort geschaffen wird und wie lange diese Kunstwerke bei günstigen Wetterbedingungen halten.

Im Sand buddeln können Kinder gut auch mit bloßen Händen. Praktische Hilfsmittel wie Eimer, Schaufeln, Bagger, Kipplaster oder Schubkarren, aber auch geeignete Spielfiguren fördern sowohl die Geschicklichkeit als auch das Rollenspiel, in das sich die Kinder im Sandspielbereich, wenn sie nicht gestört werden, stundenlang vertiefen können.

Interessant ist, dass es in der Psychotherapie die anerkannte »Sandspieltherapie« gibt – eine kreativ therapeutische Methode zur Förderung von Menschen, die z. B. unter Selbstwertproblemen, Entwicklungsstörungen, Lern- und Konzentrationsschwächen oder psychosomatischen Störungen leiden.

Alles spricht also für das freie Spiel im Sand. Geben Sie ihm deshalb auch in Ihrem Garten einen schönen Platz!

Wie gut sich Sand formen lässt, hängt von der Sandsorte ab. Es gibt Sand mit unterschiedlicher Körnung. Je nach Korngröße unterscheidet man offiziell zwischen Grobsand (0,63 – 2 mm), Mittelsand (0,2 – 0,63 mm) und Feinsand (0,063 – 0,2 mm).

Sand mit Körnern einer Korngröße nennt man »gut sortiert«. »Schlecht sortierter« Sand dagegen enthält Körner unterschiedlicher Größe.

Schlecht sortierter Sand mit hohem Feinanteil bindet besser und lässt sich leichter modellieren. Der im Handel speziell für Sandkästen angebotene »Spielsand« gehört meist in diese Kategorie, ist aber vergleichsweise teuer. Ein guter Tipp: Fragen Sie bei Ihrer Gemeinde, woher diese ihren Spielsand für Spielplätze und Kindergärten bezieht. Lose Ware ist in jedem Falle günstiger als in Säcken abgepackte.

Damit der Sand nicht so schnell »weggespielt« wird, ist es sinnvoll, den Sandspielbereich tunlichst einzufassen. Dazu werden wir Ihnen ein paar schöne

Das wird gebraucht

Standort und Platzbedarf:

- Für den Sandspielbereich wird eine ebene Fläche von etwa 5 × 5 m benötigt.
- Der Sandspielbereich sollte windgeschützt liegen.
- Auch an einen Sonnenschutz sollte gleich gedacht werden.
- Der Sandspielbereich sollte in Terrassennähe angelegt werden oder vom Haus aus gut einsehbar sein.
- Am besten den gewünschten Platz für den Sandspielbereich bei der Gartenplanung gleich berücksichtigen.

Materialbedarf (für 15 m²):

- dicke Steine (z. B. Granitfindlinge) als Einfassung
- Robinien- oder Eichenstämme als Einfassung, gerne krumm, Durchmesser 20 – 30cm
- 5 m³ Spielsand
- Schutzvlies (Polypropylen), 300 g/m², je nach Spielbereich 15 – 20 m² groß
- 1 – 2 Baumstammabschnitte, Durchmesser 40 cm (für Tische)

Werkzeugbedarf:

- Spaten
- Schubkarren
- Schaufeln, Rechen
- Sackkarre

Arbeitsschritte:

- Eine ebene Fläche mit natürlichen Linien abstecken.
- Fläche spatentief ausheben, Erde (z. B. als Spielhügel) an geeigneter Stelle lagern.
- Einfassung aus Steinen und Stämmen bauen (eine Stelle für die Schubkarre freilassen).
- Vlies auslegen.
- Spielsand einbauen.
- Zusätzliches Spielmaterial bereitstellen.

Vorschläge machen. Er kann auch gut mit anderen Spielelementen kombiniert werden, die zum Klettern oder Balancieren einladen.

Ein Sandspielbereich für kleine Kinder sollte am besten in der Nähe der Terrasse oder der Küche angelegt werden, damit die Eltern ihre Kleinen besser im Blick haben, wenn sie auf Entdeckungsreise gehen.

Und so wird's gemacht

1. Fläche anlegen

Stecken Sie eine ebene Fläche von etwa 10 bis 20 Quadratmeter ab. Am schönsten ist es, wenn die Fläche nicht quadratisch oder rechteckig, sondern annähernd rund oder oval mit natürlichen, geschwungenen Linien geformt ist. Grenzt sie an eine Terrasse an, ist eine Kante gerade.

Heben Sie diese Fläche spatentief aus. Die anfallende Erde können Sie in der Nähe des Sandspielbereichs z. B. als Spielhügel anhäufen oder aber auch im Garten verteilen. In die entstandene Kuhle wird nun ein Schutzvlies (aus Polypropylen) gelegt. Es verhindert, dass der Sandspielbereich mit Wurzelunkräutern zuwächst. Auf dieses Vlies können Sie verzichten, wenn Sie an dieser Stelle keine Wurzelunkräuter haben.

2. Randeinfassung auslegen

Wie bereits erwähnt, sollte der Sandspielbereich in jedem Falle eingefasst werden. Am besten eignen sich dafür Naturmaterialien wie Baumstammabschnitte und Steine. Wählen Sie wetterfeste und im Außenbereich dauerhafte Holzarten wie Eiche oder Robinie. Bekommen können Sie sie bei Forstämtern oder Firmen, die Baumpflege und Baumschnitt anbieten. Die Stämme dürfen ruhig krumm sein, das ist sogar erwünscht. Der Durchmesser der Stämme sollte etwa 20 Zentimeter betragen. Sie werden so in den Rand eingebaut, dass sie sich nicht mehr bewegen können, d. h., sie werden etwa zur Hälfte eingegraben.

Die Steine (beispielsweise Granitfindlinge mit einer glatten Oberflächenstruktur) werden zwischen die verschiedenen Baumstammstücke eingesetzt, und zwar so dicht, dass keine Spalten von mehr als 3 Zentimeter entstehen. Das ist wichtig, damit sich die Kinder nicht die Füße klemmen können.

Sind die Einfassungselemente schwer genug, brauchen sie nicht mit einem Betonfundament oder Ähnlichem fixiert werden. Unbedingt zu beachten ist, dass Steine und Baumstammstücke sich nicht bewegen dürfen, wenn die Kinder darauf balancieren.

Lassen Sie bei der Randeinfassung eine ausreichend breite Lücke von mindestens 80 Zentimeter, damit Sie mit der Schubkarre in den Sandspielbereich hineinfahren und den Sand dort abkippen können.

3. Sand einfüllen

Nun können Sie den Sand anliefern lassen. Die Sandschicht sollte etwa 30 Zentimeter betragen. Bei einer Fläche von 15 Quadratmeter entspricht dies einer Menge von 5 Kubikmeter. Am besten nehmen Sie losen Sand, da es sonst zu teuer wird. Beim Baustoffhandel können Sie sich den Sand entweder liefern lassen oder selbst mit einem Anhänger abholen, wofür allerdings mehrere Fuhren nötig sind, weil man in einem Anhänger je nach Größe maximal 600 bis 1200 Kilogramm (0,5 bis 1 Kubikmeter) Sand transportieren kann.

Am besten bauen Sie zuerst die Randeinfassung Ihres Sandspielplatzes und holen dann eine Fuhre Sand nach der anderen, die Sie gleich per Schubkarre in den Spielbereich transportieren. Dies wiederholen Sie dann so lange, bis Sie das Gefühl haben, dass der Sandspielplatz voll genug ist. Diese recht mühsame Arbeit geht umso schneller voran, wenn es mehrere fleißige Helferinnen und Helfer gibt. Und auch die Kinder dürfen mit ihren kleinen Schubkarren jetzt schon tüchtig mithelfen.

Entscheiden Sie sich dafür, den Sand anliefern zu lassen, können Sie ruhig etwas mehr Sand bestellen, denn der Preis wird weniger über die Menge als über den Transportweg bestimmt. Ein bisschen mehr Sand kann nicht schaden, denn mit der Zeit wird der Sand auch »weggespielt« und muss ohnehin nachgefüllt werden. So haben Sie gleich ein wenig Nachschub parat.

Zuletzt wird der Sand mit Rechen grob verteilt. Kleine Hügel und Senken können durchaus stehen bleiben und erhöhen den Reiz. Ganz fertig ist der Sandspielbereich damit aber noch nicht. Es werden noch Eimer, Schaufeln, Förmchen usw. gebraucht. Auch ein oder zwei 40 Zentimeter dicke Baumstammabschnitte als Tische für die Sandbäckerei sind ganz wichtig.

Richtig spannend wird der Sandspielbereich dann auch erst, wenn zusätzliche Naturmaterialien zur Verfügung stehen. Mit Hilfe von Stöckchen und Ästen, kleineren und größeren Kieselsteinen, aber auch Brettern, Kaninchendraht oder Dachpappe können Fantasielandschaften entstehen, die – ähnlich wie beim Modelleisenbahnbau – die reale Welt nachbilden. Ganz nebenbei können dabei auch visionäre Vorstellungen der Welt, wie Kinder sie sehen, sichtbar werden. Der Sandspielplatz dient dabei lediglich als Bühne.

Ist all dies vorhanden, steht dem versonnenen Spiel im Sand mit seinen vielfältigen Möglichkeiten nichts mehr im Wege.

Manche Eltern ärgert es, wenn der Sand vom Sandspielplatz in den restlichen Garten wandert. Zumindest in Gegenden mit schweren Böden kann dies aber durchaus vorteilhaft sein, weil Sand den Boden auflockert. Und auch der Rasen gedeiht mit etwas Sand besser. Versuchen Sie es also mit Gelassenheit und handeln Sie notfalls mit Ihren Kindern feste Regeln aus.

Denken Sie auch daran, dass die Zeit, in der Ihre Kinder aktiv im Garten spielen, schneller vorbeigeht, als Sie denken und Sie noch viele Jahre Zeit haben, sich den Garten zurückzuerobern. Der Sandspielbereich kann beispielsweise in ein Staudenbeet für Pflanzen umgewandelt werden, die bevorzugt auf magerem und durchlässigem Boden wachsen.

Der Gartenplan auf der nächsten Seite ist ein schönes Beispiel für eine gelungene Kombination mehrerer Spielelemente. Unmittelbar neben dem Sandspielbereich liegt auf der einen Seite eine Flachwasserzone, auf der anderen Seite ein Strauchhaus sowie ein Beet, das mit Naschpflanzen wie Monatserdbeeren oder Erbsen bestückt werden kann.

Der Spielhügel ist aus dem Aushub von Sandspielbereich und Wasserspielplatz entstanden. Es macht Spaß, ihn zu erklettern und sich dort oben »ganz groß« zu fühlen.

Auf der Sitzbank kann man hervorragend picknicken. Und im Liguster-Strauchhaus finden die Kinder eine schöne Rückzugsmöglichkeit.

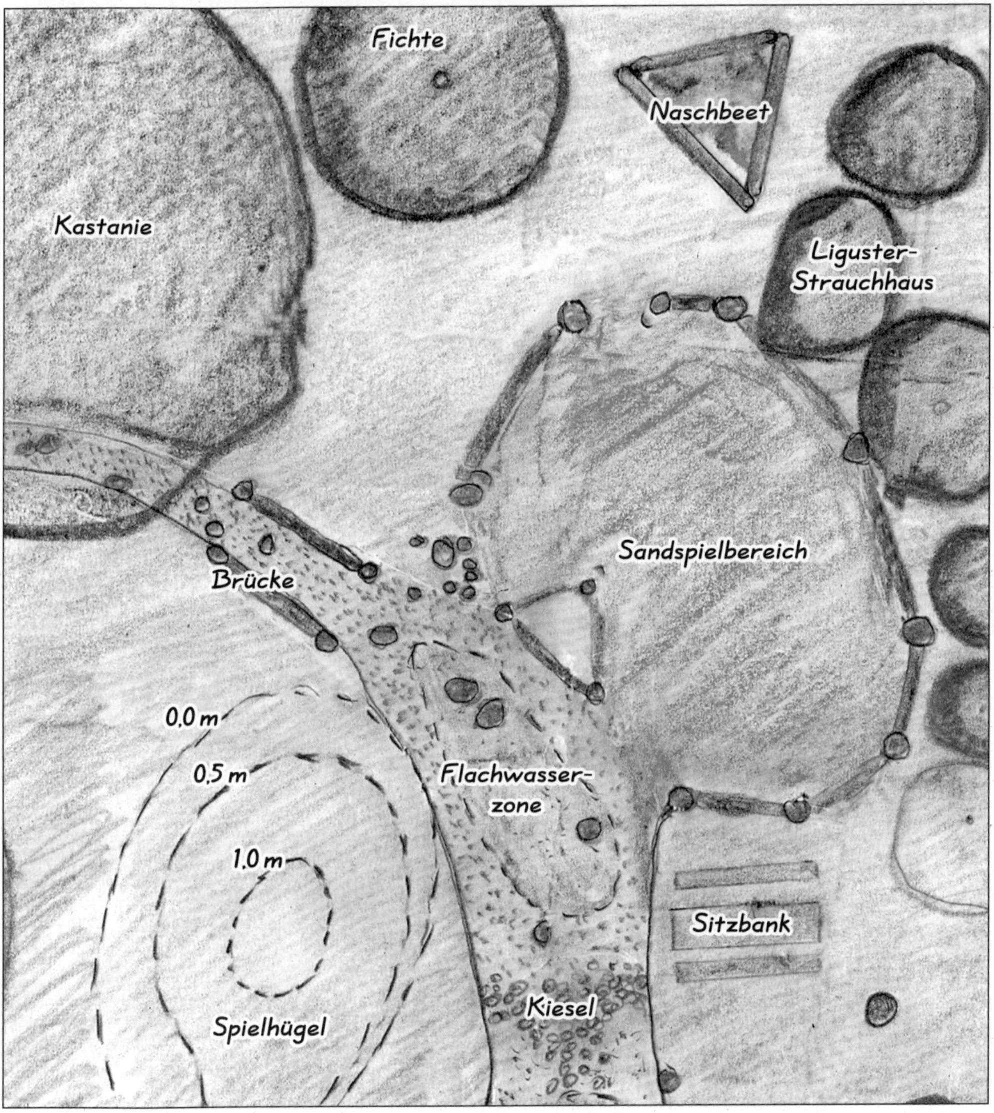

Der Sandspielbereich lässt sich wunderbar mit anderen Spiel- und Gartenelementen kombinieren. Sind die Kinder größer und aus dem »Buddelalter« heraus, kann die sandige Fläche in ein Beet mit blühenden und duftenden Stauden umgewandelt werden.

Die Buddelstelle

Manche Kinder sind glücklich, wenn sie keine abgesonderte Sandspielecke bekommen, sondern in normaler Gartenerde buddeln dürfen. Das gilt besonders für größere Kinder, die das Spielen im Sand als »Babykram« ansehen. Vor allem, wenn sie kleine Geschwister haben, die gern im Sand spielen, kann es sein, dass sie irgendwann das Bedürfnis verspüren, sich abzugrenzen.

Ein paar robuste Werkzeuge und eine abgegrenzte Fläche, auf der die Kinder ungestört graben und bauen dürfen, reichen völlig aus, um sie über Stunden hinweg zufriedenzustellen.

Wichtig ist, dass die Eltern, was diesen Gartenbereich betrifft, ihre ästhetischen Ansprüche weitgehend zurückschrauben und Langmut walten lassen. Der Sinn der Erdbewegungen erschließt sich oft allein den Kindern aus ihrem Spiel heraus und die Baustelle ist einem ständigen Wandel unterworfen. Mal legen Straßenarbeiter eine neue Fahrbahn an, mal entstehen Berge und Schluchten oder mit Hilfe eines dicken Müllsacks als Folie sogar ein kleiner Bötchenteich. Je unbehelligter die Kinder bleiben, desto attraktiver ist dieser Spielbereich für sie.

Legen Sie deshalb nur einige wenige Grundregeln fest, z. B. welche Werkzeuge benutzt werden dürfen und wo der Spielbereich endet. Klar sollte sein, dass eventuell angrenzende Beete der Erwachsenen nicht in Mitleidenschaft gezogen werden dürfen.

Unsere Erfahrung zeigt, dass sich die Nachbarskinder, die oft auf einen kleinen, quadratischen Sandkasten beschränkt sind und im elterlichen Garten »keine Unordnung anrichten« dürfen, von der Buddelstelle magisch angezogen fühlen. Die kleinen Besitzerinnen und Besitzer dieses freiheitlichen Spielbereichs sind stolz auf diese Besonderheit und ziehen, wann immer das Wetter es zulässt, täglich mit neuer Vorfreude auf ihre Baustelle.

Achtung Baustelle! Erlaubt ist, was Kindern gefällt

Vor allem für die größeren Kinder macht es zunehmend Sinn, zusätzliche Bereiche im Garten zu schaffen, wo sie ganz nach ihren eigenen Vorstellungen werkeln und bauen können.

In der Regel brauchen die Kinder bloß das richtige Werkzeug und geeignetes Baumaterial, um ihre eigenen Kreationen zu realisieren – sei es eine Seifenkiste, ein Fantasietier oder eine besondere Behausung. Aber auch ein einfach kreuz und quer zusammengenageltes Holzkonstrukt hat für sie seinen Reiz (siehe auch Seite 116).

In großen Gärten, wie sie im ländlichen Raum noch häufig anzutreffen sind, lässt sich dies natürlich besser realisieren als in einem Reihenhausgarten. Besprechen Sie mit Ihren Kindern, nach welchen Regeln sie werkeln dürfen. Das betrifft die Ausdehnung der Baustelle, grundlegende Sicherheitsaspekte und die Notwendigkeit, ab und zu aufzuräumen, wenn die Bautätigkeit über einen längeren Zeitraum eingestellt werden soll. Werden all diese Rahmenbedingungen eingehalten, können solche »wilden Baustellen« für die Kinder zu einer wunderbaren Erfahrung werden.

Schöne Basteleien

Drei gewinnt

»Drei gewinnt« ist ein uraltes Spiel für zwei, das schon die mittelalterlichen Ritter kannten. Um es im Sand zu spielen, braucht man bloß vier gleich lange Stöcke nebeneinander auszulegen. Mit 12 kürzeren Stöcken wird das Quadrat in Spielfelder unterteilt.

Jetzt gilt es nur noch, für jeden drei »Spielsteine« zu suchen, z. B. drei Kastanien und drei Schneckenhäuser. Und so funktioniert das Spiel: Immer abwechselnd je einen Spielstein auf ein Spielfeld setzen. Sind alle Steine gesetzt, dürfen sie um je ein Feld nach rechts, links, oben oder unten gezogen werden. (Diagonale Spielzüge sind nicht erlaubt!) Wer zuerst seine Spielsteine in einer Reihe, Spalte oder Diagonale anordnen kann, hat gewonnen und ruft laut: »Drei gewinnt!«

Die Gummibärchenspirale

»Hmm, wie das duftet!« Ein Spielgarten, der Kinder mit allen Sinnen ansprechen möchte, darf den direktesten aller Sinneseindrücke natürlich nicht vergessen. Ist doch der Geruchssinn um ein Tausendfaches sensibler als all die anderen Sinne des Menschen. Und auch auf diesem Gebiet können Kinder mit viel Spaß ihre Wahrnehmung schulen und spannende Erfahrungen sammeln.

Die sanfte Macht der Düfte sollte man nämlich keinesfalls unterschätzen. Rund 10 000 von ihnen kann die menschliche Nase unterscheiden. Genauer erforscht sind nur wenige. Aber erwiesen ist: Über die direkte Verbindung mit dem limbischen System im Gehirn haben Gerüche eine unmittelbare Wirkung auf Körper und Seele. Und sie prägen sich tief ins Gedächtnis ein. Bei jedem Menschen wecken sie ganz individuelle Erinnerungen an Situationen oder Gefühle. Seit Jahrtausenden hat man sie deshalb auch ganz bewusst eingesetzt, um Ängste zu besänftigen, Verstimmungen aufzulösen oder die Konzentrationsfähigkeit zu fördern.

Aromatische Substanzen waren zu allen Zeiten begehrt, galten als heilig und wurden als kostbarer Schatz betrachtet – man denke nur an die Heiligen Drei Könige mit ihren Geschenken Weihrauch und Myrrhe. Im weitesten Sinne können wir Kindern in unserem Garten ein ebenso schönes Geschenk machen: eine Kräuterspirale mit Pflanzen, die Düfte verströmen, die Kinder besonders mögen oder witzig finden.

Vielleicht wollten Sie auch sowieso schon immer eine Kräuterspirale in Ihrem Garten bauen? Das dreidimensionale, spiralförmige Gartenbeet wird von Steinen begrenzt, die zur Mitte hin schneckenhausförmig ansteigend übereinander

gesetzt werden. Es bildet damit eine ideale Kombination aus Steingarten, Trockenmauer und Gartenbeet. Durch die Befüllung mit verschiedenen Böden und die strikte Ausrichtung nach Süden wird diese Kombination den unterschiedlichsten Standortansprüchen gerecht. In einer Art Maisonette-Wohnung schafft sie artgerechte Wachstumsbedingungen für Pflanzen mit den verschiedenartigsten Standortansprüchen und bietet jedem ihrer Untermieter den passenden Platz.

Mit einer Kräuterspirale holen Sie sich außerdem ein seit Urzeiten verwendetes Symbol in Ihren Garten. Unzählige Urvölker verwendeten die Spirale bereits zur Verzierung, als Tätowierung und zur Veranschaulichung tiefsinniger Zusammenhänge.

Unserer Erfahrung nach lässt es sich mit Kindern in einem ruhigen Moment auf der Gartenbank ganz wunderbar über die Spiralsymbolik philosophieren. Erörtern Sie z. B. doch gemeinsam mal die Frage: »Führt die Spirale nun von außen in die Mitte oder von der Mitte aus in die Unendlichkeit …?«

Eine Kräuterspirale zu bauen, macht Kindern in der Gruppe besonderen Spaß. Laden Sie deshalb zum Bauen nach Möglichkeit eine Handvoll großer und kleiner Helferinnen und Helfer ein. (Sobald diese das nächste Gartenprojekt planen, können Sie sich ja revanchieren.)

Da es beim Spiralenbau viele verschiedene – schwere ebenso wie leichte – Arbeiten zu verteilen gibt, können Erwachsene und Kinder aller Altersstufen mitmachen. Die Aufgabe ist überschaubar und das Ergebnis kann sich sehen lassen – beste Voraussetzungen für ein positives Gruppenerlebnis.

Wer sich mit der Kräuterspirale beschäftigt, kann vieles lernen, üben und ausprobieren: das Säen, Verziehen, Pflanzen und Vermehren der Kräuterpflanzen; das Zupfen unerwünschter Beikräuter; das Zurückschneiden und Ernten; das Herstellen einfacher Gerichte zum sofortigen gemeinsamen Genuss (z. B. mit Ananassalbei aromatisierter Obstsalat) oder zum Aufbewahren und späteren Verschenken an Oma und Opa (z. B. Essig mit Zitronenthymian); das Sammeln und Trocknen von Kräutern; das Nähen von Kräutersäckchen und, und, und. Streuen Sie – je nach Altersstufe – ruhig gelegentlich auch einmal einige »botanische« Informationen ein, z. B. die lateinischen Namen der Pflanzen (die viele Kinder zum Schreien komisch finden), die Inhalts- und Wirkstoffe verschiedener Kräuter, die Zuordnung zu den verschiedenen Pflanzenfamilien und das Beschreiben von Blüten, Blättern, Stängeln, Wurzeln und Früchten. Langweilen Sie Ihre Kinder aber nicht mit langwierigen Belehrungen – ein informatives Einsprengsel hier und da reicht völlig aus!

Eine sehr schöne Beobachtung, die Kindern im wahrsten Sinne des Wortes einen neuen Horizont eröffnet, ist übrigens der Lauf der Sonne im Einklang mit der Rechtsdrehung der Kräuterspirale: Die im Osten aufgehende Sonne wandert im Halbkreis um die traditionell nach Süden ausgerichtete Kräuterspirale (siehe Abbildung auf Seite 67).

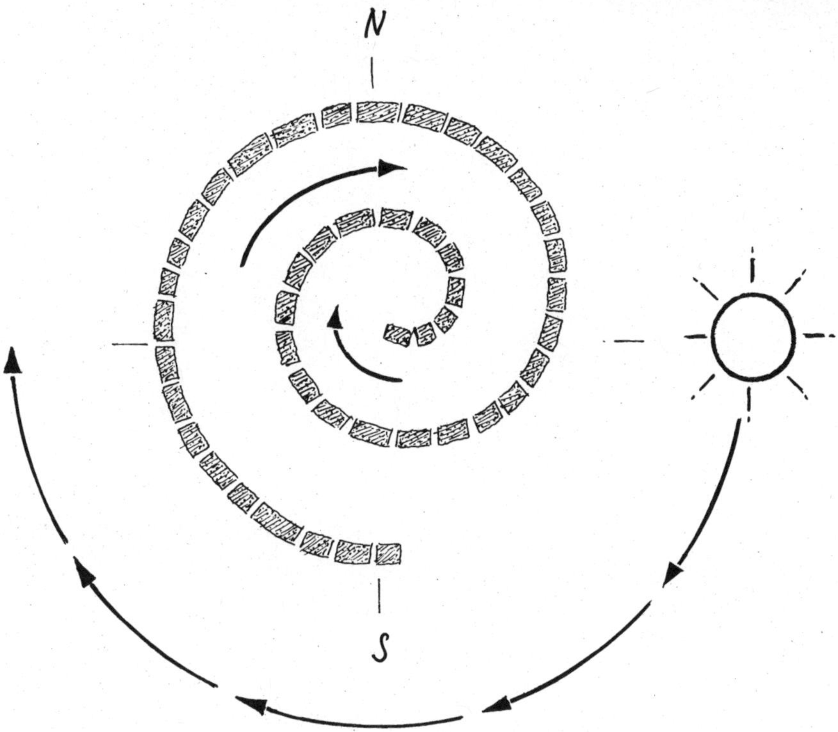

Rechtsdrehung im Einklang mit der Sonne

Überhaupt kommt die Rechtsdrehung in der Natur häufiger vor (von 20 000 Schneckenhäusern dreht eines nach links). Legen Sie gemeinsam mit Ihren Kindern eine Sammlung leerer Schneckenhäuser an, die Sie auf der Spiralmauer arrangieren oder zu schönen Basteleien verwenden können (siehe Seite 76). Vielleicht haben Sie ja Glück und finden das 20 000ste, linksdrehende Schneckenhaus!

Achten Sie auch sonst in der Natur gemeinsam mit Ihren Kindern auf das Rechts-Links-Phänomen, z. B. bei den Schlingpflanzen. Die meisten wachsen rechts herum. Genau wie bei den Menschen gibt es aber auch unter den Pflanzen »Linkshänder« wie den Hopfen, der sich linksherum schlingt. Die meisten Wendeltreppen wiederum drehen nach links – wir meinen, weil die Mehrheit der Rechtshänder dann auf der breiten Seite der Stufen gehen und sich besser außen am Geländer festhalten kann, oder was meinen Sie?

Ganz neue Beobachtungsmöglichkeiten tun sich hier auf. Ermutigen Sie Ihre Kinder dazu, mit offenen Augen – und Nasen! – durch die Welt zu gehen!

Passende Steine

Das wichtigste Gestaltungselement beim Bau einer Kräuterspirale sind die Steine für die schneckenhausförmige Trockenmauer. Ihre Form und das Material, aus dem sie gemacht sind, entscheiden über das Aussehen und den Charakter der fertigen Spirale.

Prüfen Sie als Erstes die eigene Vorratslage. Steine, die man extra kaufen muss, sind mit Sicherheit die teuerste Lösung und die Verwendung von Baustoffresten ist auch ökologisch sinnvoll. Falls Sie selbst noch Reste haben oder von Nachbarn günstig Steine bekommen können, sollten Sie überlegen, ob sich nicht aus dem Vorhandenen etwas Schönes schaffen lässt. Manchmal werden beim Hausbau oder bei der Hofpflasterung übrig gebliebene Steine auch in Kleinanzeigen angeboten. Solche Gelegenheiten beim Schopfe zu packen, ist häufig lohnenswert.

Was das Material betrifft, gibt es kaum Beschränkungen. Feld-, Sand- und Kalksandsteine sind ebenso geeignet wie Bruch- oder Basaltsteine, Werksteine (z. B. gerumpelte Pflastersteine) oder gar zertrümmerte Gehwegplatten, Tonklinker oder Ziegelsteine. Selbst aus alten Tonziegeln lässt sich eine originelle Kräuterspirale bauen.

Achten Sie aber möglichst gleich von vornherein auf eine günstige Form der Steine. Je abgerundeter sie sind, desto schwieriger wird es, aus ihnen eine stabile Mauer zu bauen. Flache Steine mit parallelen Flächen lassen sich am einfachsten verarbeiten und liegen am stabilsten.

Wenn Sie die Steine schon beim Lagern grob nach Größe sortieren, geht die Arbeit später leichter von der Hand. Die Kinder können das »Lager der kleinen Steine« verwalten und haben, sobald diese an der Reihe sind, ihren großen Maurereinsatz.

Urwüchsiger wird die Kräuterspirale mit Natursteinen.

Das wird gebraucht

Standort und Platzbedarf:

- Die Gummibärchenspirale braucht einen möglichst sonnigen und windgeschützten Platz.
- Sie braucht mindestens 6 m^2 Grundfläche.
- Der Materialbedarf ist für eine Spirale mit 2,80 m Durchmesser berechnet.
- Man baut sie am besten im zeitigen Frühjahr oder im Herbst.

Werkzeugbedarf:

- 2 Pflöcke und Schnur (Zirkel)
- heller Sand oder Mehl für das Nachstreuen der Linien
- Schubkarren
- Schaufeln
- Vorschlaghammer
- Arbeitshandschuhe
- Gartenschlauch, Gießkannen
- Werkzeuge zum Pflanzen

Materialbedarf:

- So viele Steine, dass man eine Mauer von etwa 5 m^2 Wandfläche damit mauern könnte
- 9 m^2 Schutzvlies (300 g/m^2)
- Dränagekies oder Schotter
- 7 Schubkarrenladungen möglichst kalkhaltiger Bauschutt oder Kalkschotter
- 3 – 4 Schubkarrenladungen Sand
- 2 – 3 Schubkarrenladungen Kompost
- Gartenerde aus dem Aushub der Dränage nach Bedarf
- 1 Mörtelkübel oder 1 kleine Teichwanne
- Pflanzen (siehe Tabelle auf Seite 75)
- Material für Seerosenbepflanzung (Pflanzkorb, Jutetuch, Sand)

Arbeitsschritte:

- Grundriss der Spirale auf den Gartenboden übertragen.
- Drainageschicht anlegen.
- Gartenvlies gegen Wurzelunkräuter auflegen.
- Spiralenkern aus Schutt oder Kalkschotter abkippen.
- Trockenmauer aufschichten.
- Schrittweises Befüllen der Spirale.
- Anlegen eines Miniteichs (optional).
- Setzenlassen der Befüllung.
- Pflanzen.

Und so wird's gemacht

1. Grundriss zeichnen

Aus zwei Holzpflöcken und einer Schnur können die Kinder ganz leicht einen Zirkel bauen, mit dem sie den gewünschten Radius auf den Gartenboden übertragen und mit Sand oder Mehl nachstreuen können, damit er gut sichtbar ist.

Mit Hilfe eines Kompasses können die Kinder jetzt die Nord-Süd-Achse markieren (auf ein paar Zentimeter kommt es dabei nicht an). Am südlichen Ende wird ein kleiner Kreis für den Miniteich und davon ausgehend der Grundriss der Spirale in den Boden geritzt. Zu bedenken ist dabei, dass der Abstand zwischen den späteren Mauern nicht zu schmal werden darf. Sechzig Zentimeter Breite sollte die Pflanzfläche schon haben. Auch diese Linien werden mit hellem Sand oder Mehl nachgestreut. Die Form der zukünftigen Spirale tritt jetzt deutlich zutage. Lassen Sie die Kinder auch einmal auf eine Leiter steigen, um das Ganze aus der Vogelperspektive auf sich wirken zu lassen. Nehmen Sie sich Zeit und korrigieren Sie so lange, bis alle Beteiligten zufrieden sind.

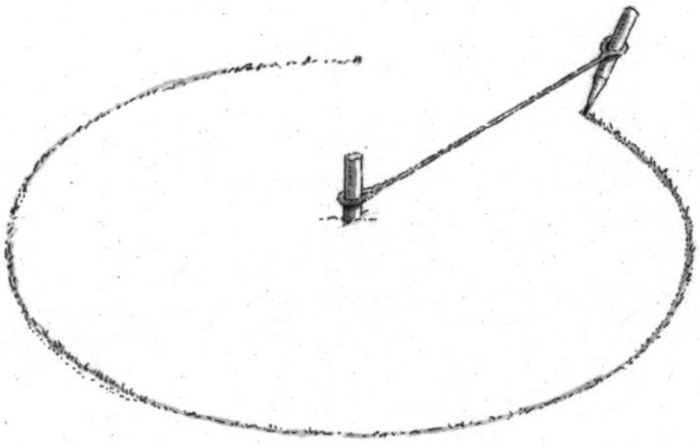

Mit einem selbst gemachten Zirkel wird ein Kreis gezogen.

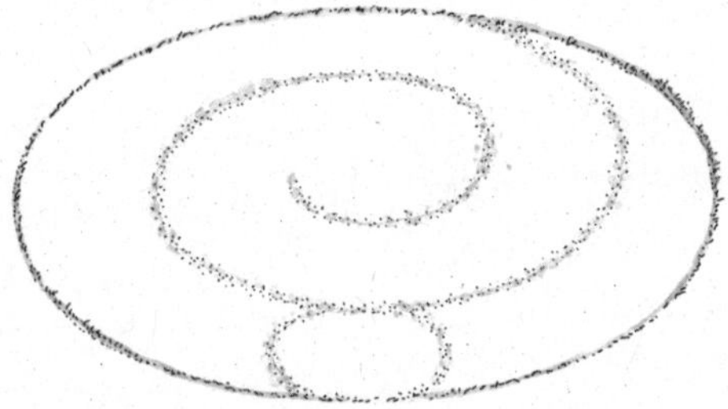

Zeichnen Sie den Grundriss Ihrer Spirale ein und streuen Sie mit Sand oder Mehl nach.

2. Drainageschicht anlegen

Unter der Fläche für die Spirale wird der Boden einen Spatenstich tief ausgehoben und mit wasserdurchlässigem Kies oder Schotter aufgefüllt, sodass sich dort kein Wasser stauen kann. Der Aushub kann später für die Befüllung der Spirale im unteren Bereich genutzt werden.

Bauschutt wird kegelförmig im Inneren der Spirale abgekippt und gut verdichtet.

3. Schutt oder Schotter abkippen

Gegen Winde, Quecke und Giersch können Sie jetzt ein spezielles Gartenvlies über die gesamte Grundfläche der Spirale breiten. Das Vlies ist wasserdurchlässig, lässt aber keine Wurzelunkräuter nach oben durchwachsen. Mit diesem kleinen Kniff können Sie sich später viel Arbeit ersparen. Legen Sie 3 × 3 Meter mit Vlies aus und falten Sie es an den Ecken so um, dass eine in etwa kreisförmige Fläche entsteht. Die Spiralform können Sie, falls gewünscht, auch auf dem Vlies noch einmal mit Sand oder Mehl nachstreuen.

Anschließend wird der kalkhaltige Bauschutt oder Kalkschotter mit Hilfe einer Schubkarre so in der Mitte der Spirale abgekippt, dass ein spitzer Kegel entsteht. An der höchsten Stelle sollte dieser Kegel 60 bis 70 Zentimeter hoch sein. Damit er später nicht absackt, sollten Sie ihn verdichten. Zerkleinern Sie größere Brocken, füllen Sie Zwischenräume mit Schotter auf und rücken Sie dem Kegel mit einem großen Vorschlaghammer zu Leibe, bis Sie das Gefühl haben, eine relativ große Dichte erreicht zu haben. Ganz dicht darf er allerdings nicht sein, denn das Wasser sollte noch abfließen können.

4. Trockenmauer aufschichten und Spirale auffüllen

Jetzt geht's zur feierlichen Grundsteinlegung! Vom Miniteich ausgehend wird die erste Lage Steine in den Boden gedrückt. Reihe für Reihe werden die Steine nun weiter aufgeschichtet. Aus Gründen der Stabilität sollten Sie die Steine bei jeder Lage ein kleines Stück nach innen verschieben, sodass sich die Mauer ganz leicht nach innen neigt. Außerdem sollten Sie die Steine immer leicht versetzt auflegen, damit keine Kreuzfugen entstehen und die Mauer stabil bleibt.

Alle zwei bis drei Reihen wird die Spirale von innen her mittels Schubkarre und Schaufel mit Erde, Sand und Kompost aufgefüllt, damit die innere Mauerkrümmung nachgearbeitet werden kann. Mauern Sie aber auch im inneren Bereich der Spirale nur im später noch sichtbaren Bereich und setzen Sie die oberen Steine peu à peu so auf den Bauschutt auf, dass sie stabil zu stehen kommen. Dazu können Sie jeweils ein paar größere Schuttbrocken zur Hilfe nehmen und entsprechend verkeilen. In der Querschnittzeichnung auf Seite 72 sehen Sie die fertige Befüllung der Spirale.

5. Miniteich anlegen

Zur klassischen Kräuterspirale gehört am südlichen Ende ein Miniteich. Er symbolisiert, dass sich die Spirale, von ganz oben kommend, unten weiter in die Erde dreht. (Beachten Sie die im Kapitel über den »Tierbeobachtungsteich« erwähnten Überlegungen zum Thema Sicherheit von kleinen Kindern auf Seite 46.)

Möchten Sie auch Ihre Gummibärchenspirale um einen Miniteich – z. B. mit einer »wohlriechenden Zwergseerose«– ergänzen, können Sie jetzt an der vorgesehenen Stelle ein Loch ausheben. Das Loch muss so tief sein, dass der gewählte Kübel oder die Teichwanne

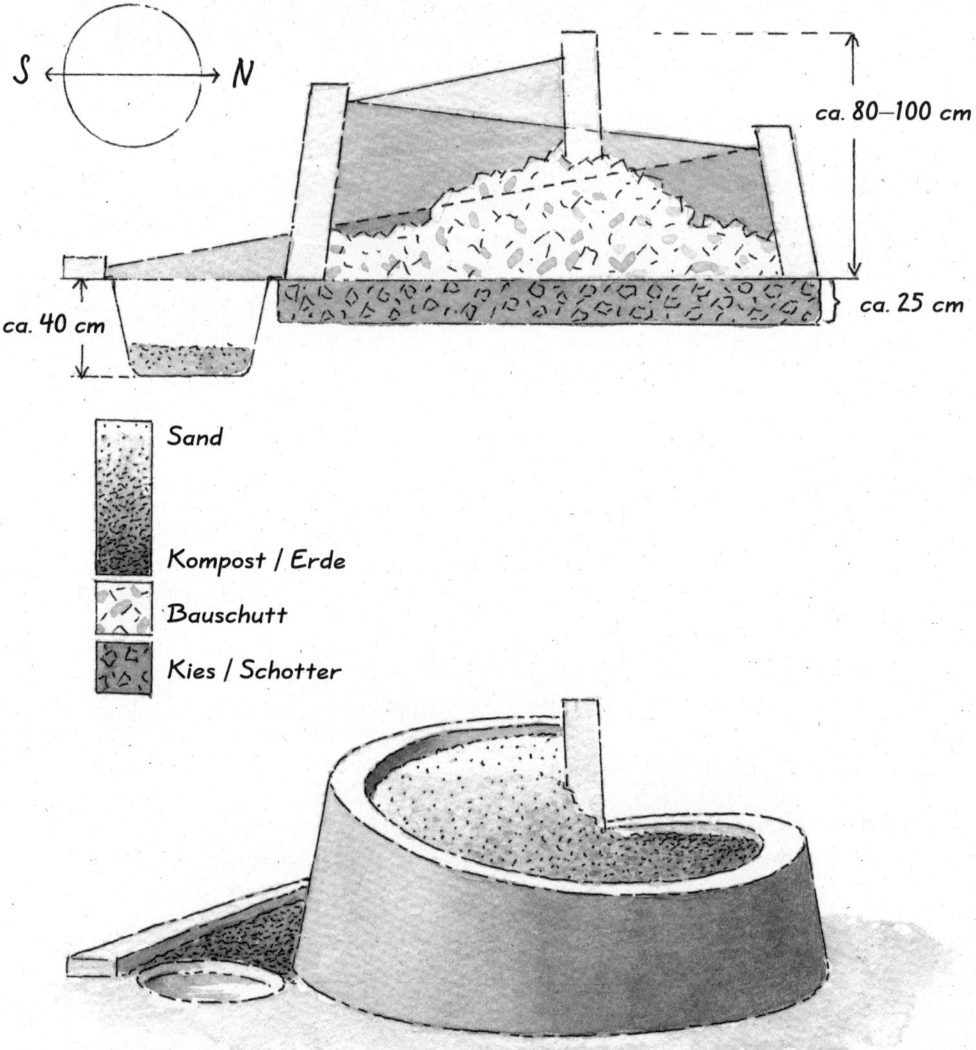

Die schematische Querschnittzeichnung zeigt, wie die Gummibärchenspirale befüllt wird: Bauschutt oder Kalkschotter bilden den Kern. Im oberen Bereich überwiegt der Sand, zwei Drittel Sand werden mit einem Drittel Gartenerde und Kompost gemischt. Nach unten hin kommt dann immer mehr Erde und Kompost hinzu und auf der unteren Etage überwiegt die Gartenerde, angereichert mit etwa einem Viertel Kompost.

gerade darin verschwindet (etwa 40 Zentimeter).

6. Bepflanzen

Die in der folgenden Tabelle aufgeführten Kräuter oder andere Pflanzen Ihrer Wahl können Sie bei auf Duftpflanzen spezialisierten Gärtnereien kaufen oder im Versandhandel bestellen (siehe Adressen auf Seite 155). Lassen Sie Ihre Lieferung aber auf keinen Fall stehen, sondern packen Sie den Karton sofort aus, damit die Pflanzen so schnell wie möglich Tageslicht und Wasser bekommen.

Verteilen Sie die Pflanzen gleichmäßig nach dem nachfolgenden Pflanzschema über die Spirale und setzen Sie sie vorsichtig so ein, dass sie nicht tiefer zu stehen kommen als bei der Anzucht in der Gärtnerei.

Schwemmen Sie die frisch eingesetzten Pflänzchen mit reichlich Wasser an und vergessen Sie auch in den nächsten Wochen nicht, einmal pro Woche gründlich zu gießen, falls es nicht regnen sollte. Anschließend heißt es nur noch: Den Pflanzen beim Wachsen zusehen und sich auf die schönsten Dufterlebnisse freuen.

Einige Pflanzen der Gummibärchenspirale sind nicht winterhart und müssen deshalb in einen Kübel gepflanzt werden. Natürlich sieht es am besten aus, wenn Sie die Kübel in die Kräuterspirale versenken, damit sie sich harmonisch in das Spiralenbild einfügen können.

Später können Sie dann gemeinsam mit Ihren Kindern überlegen, was Sie mit den Kräutern alles anfangen können. Alle Kräuter mit fruchtigem Aroma sind natürlich bestens für Bowle und alle anderen Durstlöscher an schönen Sommertagen geeignet, machen sich aber auch in allen Arten von Obstsalaten gut. Spearmint passt hervorragend in einen bunten Gartensalat. Mit Steviablättern lassen sich Tees und andere Getränke süßen – zur Freude von Groß und Klein.

Regen Sie Ihre Kinder dazu an, es sich zur Angewohnheit zu machen, mit allen Besucherinnen und Besuchern zu ihrer Duftspirale zu gehen und sie an der Gummibärchenblume und den verschiedenen Kräutern schnuppern zu lassen. Die vielen Überraschungserlebnisse und die damit verbundenen »Ohs« und »Ahs« lassen diesen Gang immer wieder zu einem schönen Erfolg werden.

7. Seerose einsetzen

Eine sehr schöne Ergänzung zur Gummibärchenspirale ist ein Miniteich mit *Nymphaea odorata* var. *minor*, einer wohlriechenden Zwergseerose, die schon bei einem Wasserstand von 10 bis 30 Zentimetern gut gedeiht. Gerade Kinder finden es schön, eine eigene Seerose zu haben – und wenn die dann auch noch herrlich riecht …!

Zum Pflanzen wird die Seerose in einen seitlich durchbrochenen Pflanzkorb aus Weide oder Plastik gesetzt, der vorher mit einem Stück Jutetuch ausgeschlagen wurde. Als Substrat können Sie ungedüngte Gartenerde mit etwa einem Drittel Sand mischen. Manche Seerosenkenner schwören darauf, dem Substrat einige Handvoll Bio-Katzenstreu (unbedingt unbehandelt und frei von Duftstoffen!) beizumischen, die leicht aufquillt und sich ansonsten wie Lehm verhält. Organische Dünger wie Mist, Kompost, Torf oder Mulch dürfen nicht in das Wasser gelangen, da sie zu Fäulnisprozessen und dem Absterben der Seerose führen können.

Befüllen Sie den Pflanzkorb etwa zu zwei Dritteln mit Ihrem Substrat, setzen Sie die Seerosenpflanze vorsichtig ein und bedecken Sie sie bis knapp unter die Oberkante des Rhizoms mit dem restlichen Substrat. Nun schlagen Sie das Jutetuch rund um die Pflanze zusammen, beschweren es anschließend mit einem Stein und senken den Pflanzkorb in den zukünftigen Miniteich. Beim Fluten mit Leitungswasser müssen Sie aufpassen, dass das Substrat nicht herausgeschwemmt wird.

Und nun brauchen Sie nur noch darauf zu warten, bis die herrlich duftenden Seerosenblüten an der Wasseroberfläche erscheinen …!

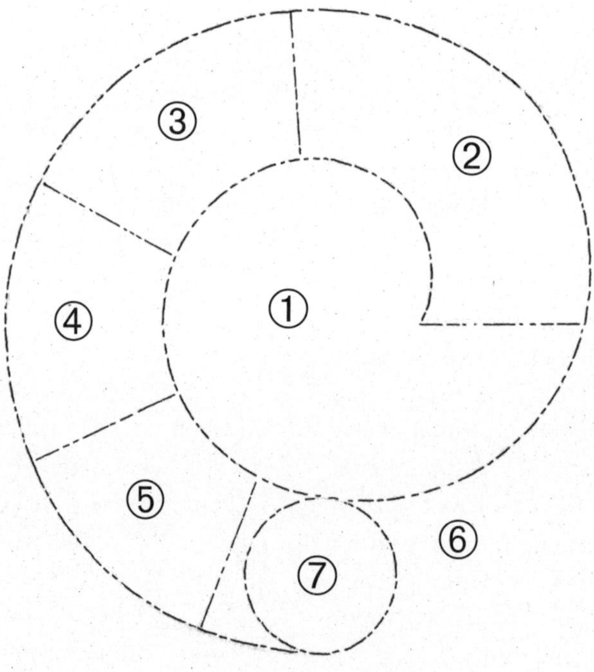

Duftpflanzen für die Gummibärchenspirale

Pflanze	*Botanischer Name*	**Spiralenstandort**	**Besonderheiten**
Ananassalbei	*Salvia rutilans*	1	im Kübel, nicht winterhart
Anisagastache (Anis-Ysop)	*Agastache anisata*	6	mehrjährig
Colapflanze	*Artemisia abrotanum* var. *maritima*	4	winterharter Strauch
Gummibärchenblume	*Cephalophora aromatica*	3	einjährig
Kaugummispearmint	*Mentha spicata*	5	in altem Pflanzgefäß ohne Boden pflanzen (als Wurzelsperre)
Lakritztagetes	*Tagetes filifolia*	1	einjährig
Schokoladenblume	*Berlandiera lyrata*	2	winterhart
Stevia, Süßkraut	*Stevia rebaudiana*	5	nicht winterhart
Zitronenagastache (Lemon-Ysop)	*Agastache mexicana*	6	mehrjährig
Zitronenthymian	*Thymus citriodorus*	3	mehrjährig
Zwergseerose	*Nymphaea odorata* var. *minor*	7	im Pflanzkorb

Schöne Basteleien

Schneckenstangen

Wollen die Kinder markieren, wo sie etwas gesät oder ausgepflanzt haben, was von nun an regelmäßig gegossen und gepflegt werden soll? Oder wollen sie einfach nur ihre Beete mit schönen Schneckenhäusern verzieren, die auf dünnen Stangen über dem Pflanzgeschehen zu schweben scheinen? Am besten passen sie natürlich zu der Kräuterspirale, die man wegen ihrer gedrehten Form auch »Kräuterschnecke« nennt.

Schneckenhäuser sammelt man am besten im Frühjahr, wenn die Büsche noch kahl sind und den Blick freigeben. Sehr gut eignen sich alte Steinbrüche, Wegraine oder Uferböschungen, denn Weinbergschnecken sind auf kalkhaltigen Böden zu Hause. Die leeren Häuser werden grob ausgeschüttelt und ausgeleert und zu Hause ausgespült und, falls sie sehr verschmutzt sind, einige Tage in Seifenlauge eingeweicht, blank gerieben und anschließend getrocknet.

Die Schneckenhäuser lassen sich ohne Hilfsmittel auf Holz-, Bambus- und Eisenstäbe setzen und je nach Lust und Laune im Garten verteilen. Meist dauert es auch nicht lange, dann finden sich kleine Bewohner in den Häuschen ein ...

Schneckenkörbchen

Gesammelte Schneckenhäuser können auch sehr schön auf der gewendelten Trockenmauer der Kräuterspirale aufgereiht werden. Es macht Spaß, sie zu betrachten und zu vergleichen. Selbst wer 50 Schneckenhäuschen besitzt, hat doch keine zwei gleichen unter ihnen.

Im Frühling und Sommer können die Schneckenhäuschen mit Moos ausgepolstert werden. Ein kurzer Haselnusszweig wird als Henkel ins Häuschen eingefügt, kleine Blümchen werden eingesetzt und das Ganze wird an einen Zweig gehängt – entweder draußen zur Ausschmückung von Spielgebüschen und Verstecken oder im Innern des Hauses, z. B. zur Osterdekoration.

Der Naschgarten

Ein eigenes Stückchen Garten kann für Kinder eine wunderbare Quelle neuer Geschmackserlebnisse sein. Dabei kommt es weder auf die Größe noch auf die Schönheit an. Schon die kleinste Gartenecke kann Kindern Gärtnerstolz und einen direkten Draht zu natürlichen Lebensmitteln bringen.

Noch schöner ist es natürlich, wenn dieser Bereich auch optisch abgegrenzt ist und den Kindern ein Gefühl der Sicherheit und Geborgenheit vermittelt, sodass sie sich dort ganz besonders gern aufhalten. Lassen Sie sich von unserem Vorschlag inspirieren und passen Sie ihn, ergänzt um eigene Ideen, den Gegebenheiten Ihres Gartens an.

Einen geschützten Naschplatz, an dem Kinder selbst gärtnern und gestalten, Rückzug finden, Beeren, Früchte und Gemüse »von der Hand in den Mund« genießen, Vögeln zuhören, dem Rascheln der Blätter lauschen und in aller Ruhe die Gartenseele baumeln lassen, finden alle toll.

Schon kleinere Kinder haben Spaß daran, ein eigenes kleines Beet anzulegen, Radieschen, Erbsen, Salat und ein paar Blumen auszusäen und später stolz die eigene Ernte einzufahren. Wachsen ihnen zusätzlich am eigenen Naschplatz noch süße Früchte und Beeren in den Mund, ist die Freude umso größer. Für einen gemeinsamen Ernteeinsatz mit anschließendem Picknick und fröhlichem Ausklang am Lagerfeuer sind auch ältere Kinder durchaus noch zu begeistern. Doch selbst wenn sie später nur noch vorbeischauen, um ein paar Beeren zu naschen, sich faul in der Sonne zu räkeln oder mit

ihren Freundinnen und Freunden im Gras zu sitzen und gemeinsam zu »chillen«, wissen sie doch, wie der Kohlrabi wächst, wo die Johannisbeermarmelade herkommt und wo die leckersten Erdbeeren wachsen. Das ist viel wert, wenn man bedenkt, wie viele Kinder und Jugendliche heute nur noch das künstliche Erdbeeraroma kennen.

Die Macht der Aromastoffe

Heutige Kinder wachsen in einer Welt auf, in der künstliche (aber irreführenderweise auch als »naturidentisch« oder »natürlich« deklarierbare) Aromen allgegenwärtig sind. Oft haben diese Aromen mit den Lebensmitteln, um die es geht, nichts mehr zu tun und werden aus ganz anderen Substanzen gewonnen (»Erdbeeraroma« z. B. aus Mikroorganismen auf Holzspänen, »Pfirsichgeschmack« aus Schimmelpilzen). Oft sind sie zudem viel süßer, als die süßeste natürliche Superfrucht es jemals sein könnte.

Wer nur die industriell hergestellte Variante kennt, ist so sehr daran gewöhnt, dass er dies für den wahren Fruchtgeschmack hält und den Geschmack einer echten Frucht vom Baum oder Strauch mit großem Erstaunen quittiert. Hinzu kommt ja noch, dass es in vielen Familien keine Hausgärten mit selbst geernteten Früchten und Gemüsen mehr gibt und immer mehr Kinder durch die magnetische Wirkung von Fernseher und Computer der Stubenhockerei verfallen.

Hier gilt es, ganz gezielt entgegenzusteuern! Ein Spielgarten mit seinen vielfältigen Erlebnismöglichkeiten schafft dazu die besten Voraussetzungen. Bauen wir gemeinsam mit unseren Kindern wieder mehr »Nutzpflanzen« an – es muss ja nicht gleich eine Riesenproduktion mit Selbstversorgungsanspruch sein. Ein paar Gemüsearten, jedes Jahr etwas anderes, dazu einige pflegeleichte Beerensträucher und eine Mini-Erdbeerplantage reichen vollkommen aus, um Kindern natürliche Geschmackserlebnisse zu bescheren. Was gibt es Schöneres als den genussreichen Biss in die erste reife Erdbeere des Gartenjahrs?

Für Kinder, deren Eltern keine eigenen Gärten haben, gibt es zum Glück auch im öffentlichen Raum immer mehr Naschgärten wie den wunderschön gestalteten und pädagogisch sorgfältig betreuten Naschgarten im niedersächsischen Holzminden.

Grüne Gaumenpädagogik

Der Effekt der Gewöhnung an bestimmte Aromen funktioniert, wie wir aus eigener Erfahrung wissen, zum Glück nämlich auch umgekehrt: Kinder, die Frisches gewöhnt sind, mögen häufig nichts künstlich Aromatisiertes mehr. Wenn sie z. B. einen richtig guten Bio-Kirschsaft kennen, schieben sie das naturidentische Getränk angewidert zur Seite: »Das soll Kirschsaft sein?«

Betreiben wir deshalb im eigenen Garten eine gezielte Gaumenpädagogik. Achten wir darauf, dass die Geschmacksknospen unserer Kinder mit natürlichen Lebensmitteln Bekanntschaft schließen. Mit allem anderen werden sie ohnehin früher oder später in Berührung kommen. Setzen wir – z. B. mit einem kindgerechten Naschgarten – bewusst ein Gegengewicht.

Ein solcher Naschgarten führt Kinder auf ganz unkomplizierte Weise an leckeres und gesundes Essen heran – und er verschafft ihnen Bewegung, Zeit an der frischen Luft und positive Naturerlebnisse. »Genusstraining« lautet das Credo der grünen Gaumenpädagogik.

Beim Säen, Naschen und Ernten üben Kinder ganz nebenbei einen verantwortungsvollen Umgang mit der Natur: »Wenn ich mich um die Natur bemühe, belohnt sie mich mit leckeren Früchten und Gemüsen«, ließe sich die Grunderfahrung im Naschgarten überschreiben. Dabei kommt es vor allem auf das Selbermachen an. Das gibt das Gefühl: »Das kann ich, das ist meins.« Zum Glück sind viele Beerensträucher und andere Pflanzen ja so freigiebig, dass selbst die schönsten Ernteerfolge wirklich »kinderleicht« zu erzielen sind.

Bei allen Aktivitäten sollten wir für eine spielerische und unbelastete Atmosphäre sorgen. Ein mit viel Freude unverkrampft angegangenes, gemeinschaftliches Anpacken behalten Kinder am ehesten in guter Erinnerung – erst recht, wenn es zum Abschluss mit einem fröhlichen Picknick verbunden ist.

Quälen Sie Ihre Kinder nicht zur Gartenarbeit und mäkeln Sie nicht, wenn es in ihrem Naschgarten Ihrer Meinung nach »unordentlich« aussieht. Sie erzeugen damit bloß eine Abwehrhaltung. Der Spaßfaktor sollte stets im Vordergrund stehen – dann bleiben die Kinder auch langfristig dabei und die Chancen stehen gut, dass sie später im Erwachsenenleben ebenfalls ein positives Verhältnis zum Gärtnern und zu natürlichen Lebensmitteln entwickeln können.

In der Mitte des Naschgartens ist eine Gummibärchenspirale ideal. Der Bau wird im vorigen Kapitel ab Seite 65 ausführlich beschrieben. Alternativ zur Spirale kann in der Mitte des Naschgartens aber auch ein dauerhaftes Weidentipi stehen. Wie man ein Weidentipi oder ein ebenfalls sehr schönes Feuerbohnentipi anlegt, das allerdings nur bis zum ersten Frost hält, steht im Kapitel über Strauchhäuser und andere Geheimverstecke (siehe Seite 107).

Und so wird's gemacht

1. Platz auswählen

Für den Naschgarten Ihrer Kinder sollten Sie einen knapp 50 Quadratmeter großen Platz auswählen, der möglichst in der Nähe des Hauses, aber auch so am Rand oder in der Ecke Ihres Gartens liegt, dass das Gefühl entsteht, sich dorthin zurückziehen zu können. Vielleicht gibt es ja sogar schon einen alten Apfel- oder sonstigen Obstbaum, den Sie in die Gestaltung integrieren können.

Durch den Flecht- oder Staketenzaum wird der Eindruck, dass es sich hier tatsächlich um ein abgeschlossenes Ganzes handelt, sehr schön verstärkt. Der Rundweg um Spirale oder Tipi macht alle Pflanzen gut erreichbar und zugleich einen gemütlichen Rundgang durch das nette Gärtchen möglich. Die Bank lädt zum Verweilen ein. Hier kann das Geerntete genussvoll verzehrt, aber auch nach Herzenslust ausgeruht, gelesen, gespielt, den Vögeln gelauscht und mit der Seele gebaumelt werden.

2. Platz abstecken und Spirale bauen

Stecken Sie als Erstes die für den Naschgarten gewählte Fläche mit kleinen Pflöcken ab und bauen Sie auf den darin mittig gelegenen sechs Quadratmetern die Gummibärchenspirale, deren Konstruktion im vorigen Kapitel ab Seite 65 genau beschrieben ist.

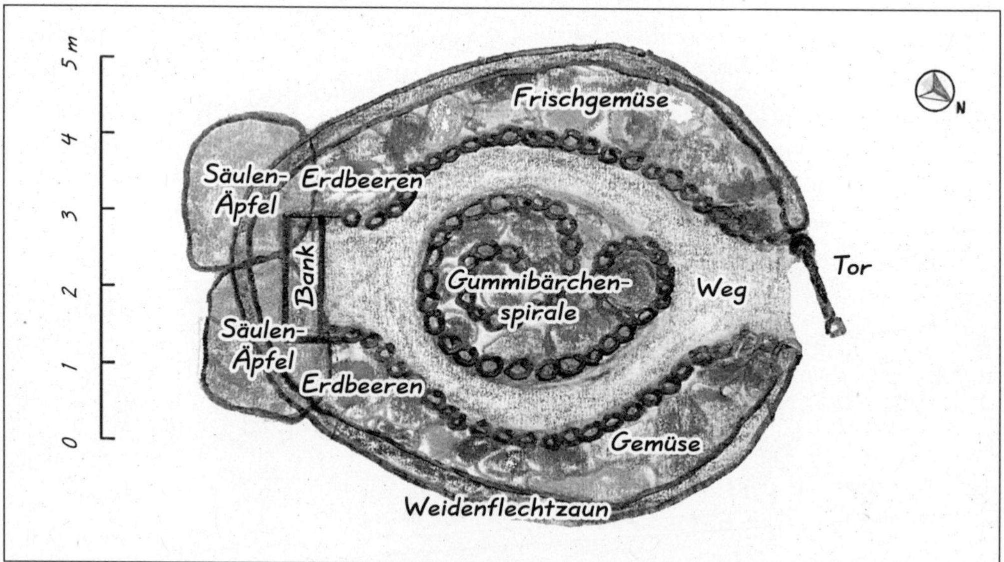

Die Gummibärchenspirale oder ein Weidentipi bilden das Zentrum des Naschgartens. Der Flechtzaun grenzt den Platz für kleine und große Genießer vom restlichen Grundstück ab.

Das wird gebraucht

Standort und Platzbedarf:

- Der Naschgarten sollte nicht zu weit vom Haus, am besten aber am Rand oder in einer Ecke des Gartens liegen.
- Der Standort sollte möglichst sonnig sein.
- Der Platzbedarf liegt bei etwa 50 m^2.

Materialbedarf (ohne Spirale):

- Steine für die Einfassung des Weges
- 5 Beerensträucher
- 2 Säulen-Apfelbäume
- 2 Stützpfähle, Kokosfaserstrick
- etwa 30 Erdbeerpflanzen, Sorte 'Florika'
- eine Gartenbank
- Rindenmulch
- Material für den Weidenflechtzaun oder den Staketenzaun, altes Gartentörchen
- Saatgut für Gemüse und Blumen

Werkzeugbedarf:

- Spaten
- Schubkarre
- Maßband
- Pflanzschäufelchen
- Hammer

Arbeitsschritte:

Der Naschgarten kann Schritt für Schritt entstehen. Die beste Pflanzzeit für Bäume und Sträucher ist der Herbst, bzw. der Winter, wenn der Boden nicht gefroren ist. Dann können Sie auch die Spirale schon bauen und den Weg anlegen. Erdbeeren können Sie im Frühjahr gemeinsam mit dem Gemüse pflanzen oder später im August.

- Fläche abstecken (Kreisform oder Oval mit natürlichen Linien).
- In der Mitte eine Gummibärchenspirale (oder alternativ ein Tipi) bauen.
- 60 cm breiten Weg um die Spirale (oder das Tipi) anlegen.
- Pflanzlöcher für Bäume und Beerensträucher markieren.
- Pflanzlöcher spatentief ausheben, Aushub seitlich lagern.
- Sträucher und Bäume pflanzen und angießen.
- Wege mit Rindenmulch bestreuen.
- Naschgarten mit Zaun einfrieden (Flecht-Weidenzaun oder Kastanien-Staketenzaun).
- Ab und zu bei den Kindern naschen!

3. Weg und Beete anlegen

Als Nächstes wird die Nutzgartenfläche abgesteckt und der Wegeverlauf markiert. Rund um die Spirale wird der etwa 60 Zentimeter breite Weg angelegt, der gleichzeitig auch Tür und Bank verbindet. Diese Fläche für den Weg wird nicht umgegraben, glätten Sie einfach den Boden und machen Sie ihn von Unkraut frei. Am äußeren Rand können Sie den Weg mit Steinen einfassen, um ihn so gegen die Beete abzugrenzen. Dafür können Sie z. B. Steine verwenden, die zur Kräuterspirale passen. Natürlich ist aber auch jede andere Art von Beeteinfassung möglich.

Die Beetfläche wird mit der Grabgabel umgegraben oder gelockert. Anschließend wird die Erde mit dem Rechen feinkrümelig gerecht und unter Umständen mit Kompostgaben gedüngt. Nun ist der Boden für die Bepflanzung vorbereitet.

Planen Sie dann, wie Sie die Pflanzungen anlegen möchten. In unserem Vorschlag (Abbildung Seite 80) haben wir Bereiche für Beeren und Gemüse vorgesehen. Überlegen Sie gemeinsam mit Ihren Kindern, welche Beeren sie sich in ihrem Gärtchen wünschen. Milde Johannisbeeren und besonders süße, dicke Stachelbeeren sollten auf keinen Fall fehlen. Auch Himbeeren sind natürlich echte Kinderlieblinge. Wählen Sie Beeren mit unterschiedlicher Reifezeit, dann gibt es den ganzen Sommer über etwas zu naschen. Späte Himbeeren, die bis in den späten Herbst hinein Früchte tragen, können ein besonderes Highlight sein. Graben Sie gemeinsam die Pflanzlöcher und setzen Sie die Pflanzen vorsichtig ein. In das nachfolgende Angießen und spätere Wässern bei Trockenheit lassen sich Kinder gut einbeziehen. Zur Sortenauswahl finden Sie in der folgenden Tabelle einige Anregungen. Bitte denken Sie auch daran, dass Sie für Himbeeren und Brombeeren ein Rankgitter benötigen. Die Erdbeersorte 'Florika' (auch Erdbeerwiese genannt) ist besonders robust, bodendeckend und trägt mehrere Jahre. Natürlich können Sie auch eine andere Sorte wählen.

Auch beim Gemüse sollten Sie die Vorlieben Ihrer Kinder beachten. Gut bewährt hat sich die Aussaat von Erbsen oder Zuckererbsen, die schon zeitig im Frühjahr erfolgen kann und relativ rasch sichtbare Erfolge bringt. Die süßen, reifen Erbsen aus den Schoten zu palen und direkt in den Mund gleiten zu lassen, ist ein besonders schönes Gartenerlebnis. Denken Sie an den Grundsatz: Was hier wächst, braucht nicht den Weg in die Küche zu finden. Aus der Hand in den Mund schmeckt im Naschgarten sowieso vieles am besten!

Andere Kinderlieblinge im Gemüsebeet sind Radieschen (zum Beispiel als Markiersaat für sehr viel länger keimende Möhren), Steckzwiebeln und Pflücksalat. Aber auch einige Brokkoli-, Blumenkohl- oder Rosenkohlpflanzen können hier sicher punkten. Das Herausbilden der Röschen und Köpfe ist spannend zu beobachten. Sehr gut kommen bei Kindern auch Kohlrabi, Gartenkresse, bunter Mangold und Tomaten an.

Ideal ist auch der Anbau von Kartoffeln. Es beeindruckt die Kinder, dass aus

Beeren für den Naschgarten (Auswahl bewährter Sorten)

Sorte	Fruchtgröße	Farbe	Geschmack	Genussreife
Erdbeeren				
Dr. Bauer's Florika	mittelgroß	rot	Walderdbeeraroma	Mitte Juni bis Mitte Juli
Johannisbeeren				
Jonkheer van Tets	groß	dunkelrot	feinsäuerlich	Mitte Juni bis Anfang Juli
Silvergieters Schwarze	dick	schwarz	eher mild	Ende Juni
Rosenthals langtraubige Schwarze	übergroß	tiefschwarz	herbsäuerlich	Juli
Weiße Versailler	groß	gelblichweiß	süßsäuerlich	Juli
Heinemanns Rote Spätlese	mittelgroß, länglich	rot	aromatisch	August
Jostabeeren				
Josta	mittelgroß	schwarzblau	sehr aromatisch	Juli
Stachelbeeren				
Hinnonmäki gelb	klein / mittel	gelb	süßsäuerlich	Juli
Hinnonmäki rot	klein	rot	süßaromatisch	Juli
Dr. Bauers Rokula mehltaufest	groß	rot	sehr aromatisch	Juli
Himbeeren				
Zefa II	groß, stumpf	dunkelrot	süßaromatisch	Juli
Korbfüller	mittelgroß	leuchtend rot	aromatisch	Juli bis Oktober
Autumn Bliss	groß	dunkelrot	feine Säure	September bis Oktober
Brombeeren				
Theodor Reimer (mit Dornen)	groß	schwarz	sehr saftig	August bis September
Thornless Evergreen (dornenlos)	mittelgroß stumpf	schwarz glänzend	süßsäuerlich	September

einer Pflanzkartoffel eine ganze Kartoffelmahlzeit für die Familie werden kann. Das Einpflanzen, besonders aber das Ausgraben der Kartoffeln, macht ihnen Spaß. Sehr schön ist auch eine kleine Kartoffelstatistik, in die Sie gemeinsam die Zahl der ausgepflanzten und geernteten Kartoffeln eintragen können. (Auch für die Erwachsenen ein Grund, immer wieder einmal über die Natur zu staunen!) Zusätzlichen Gartenspaß bringen verschiedenfarbige (also z. B. rote und schwarze) Kartoffeln, mit denen man auch bei Nachbarn und Freunden für Gesprächsstoff sorgen und schöne Mahlzeiten zaubern kann.

Einen ähnlich beeindruckenden Ernteerfolg versprechen Bohnen verschiedener Sorten. Fünf Feuerbohnen auszusäen und im Herbst eine ganze Schüssel schwarz-lila gefärbter Bohnen auszählen zu können, ist ein echtes Erfolgserlebnis. Mit verschiedenfarbigen, getrockneten Hülsenfrüchten lassen sich schöne Mandalas und Bilder legen. (Dafür einfach ein Stück Pappe oder Sperrholz mit Kleber bestreichen und die getrockneten Früchte daraufdrücken.) Aber auch auf dem Gartenweg, vor der Bank oder an der Tür lassen sich attraktive, wenn auch vergängliche Muster und Mandalas schaffen.

Natürlich können sich aber auch Blumen ins Gemüsebeet mischen. Sehr leicht zu ziehen sind z. B. Ringelblumen, Lavendel und Kapuzinerkresse. Da alle diese Pflanzen essbare, farbenfrohe Blüten haben, können die Kinder so jederzeit eine schöne Deko für den Familiensalat heranzüchten. Ermuntern Sie Ihre Kinder, den Erntesegen zu genießen und kreativ einzusetzen!

4. Bäume pflanzen

Nachdem die Beerensträucher gepflanzt sind, kommen die beiden Säulen-Apfelbäume dran. Graben Sie ausreichend große Pflanzlöcher, in die Sie die Bäume mit ihren gut gewässerten Wurzeln locker einsetzen können. Füllen Sie den Aushub wieder auf und treten Sie die Erde rund um den frisch gepflanzten Baum gut fest. Dabei kann rund um den Stamm eine kleine Mulde entstehen, die Gieß- und Regenwasser gut auffängt und ausnutzen kann. Außerdem braucht jeder Baum einen Stützpfahl, an den er mit einem Kokosfaserstrick angebunden wird.

Natürlich können Sie für diesen Platz statt eines Apfelbaums auch jede andere Obstart (Kirschen, Birnen, Pflaumen …) wählen, falls hier besondere Vorlieben bestehen. Sind schon alte Obstbäume im Garten vorhanden, umso besser, dann können Sie überlegen, ob und wie sich diese integrieren lassen. Für unsere Neuanpflanzung haben wir Säulenbäume ausgewählt, die auch für kleine Flächen geeignet sind.

Apfelbäume haben den Vorteil, dass sich mit den Früchten sehr viel anstellen lässt. Aus Falläpfeln kann man mit Kindern sehr gut Apfelmus kochen. (Wer hat beim Schälen im Kreis die längste Schalenschlange? Loben Sie für Wettbewerbe dieser Art kleine Preise aus.) Apfelpfannkuchen und andere Köstlichkeiten sind ebenfalls echte Kinderhits. Viel Spaß macht auch das Trocknen von Apfelringen, die sich später statt Chips knabbern lassen. Und ein echter Höhepunkt gegen Ende des Gartenjahrs ist der erste, mit Nüssen und Honig lecker gefüllte Bratapfel.

Wir stellen uns vor, dass hinter der Bank unter den Apfelbäumen ein schöner, geborgener Spielplatz entstehen kann. Mit ein paar bunten Tüchern oder anderen Sichtschutzelementen lässt sich hier ganz bestimmt eine kleine Bude bauen.

5. Weg befestigen und Flechtzaun ziehen

Damit auf dem Weg nicht gleich wieder Unkraut wächst, sollte er etwa 10 Zentimeter dick mit Rindenmulch abgestreut werden. Diese Abdeckung muss über die Jahre immer wieder einmal erneuert werden.

Zum Schluss geht es dann um die Umzäunung des kleinen Naschgartens – sehr wichtig, um ihn als geschlossene Einheit wahrnehmbar zu machen und gegen das restliche Grundstück abzugrenzen!

Der Sitzplatz unterm Baum lässt sich mit ein paar bunten Tüchern auch schnell in eine neue Spielewelt verwandeln.

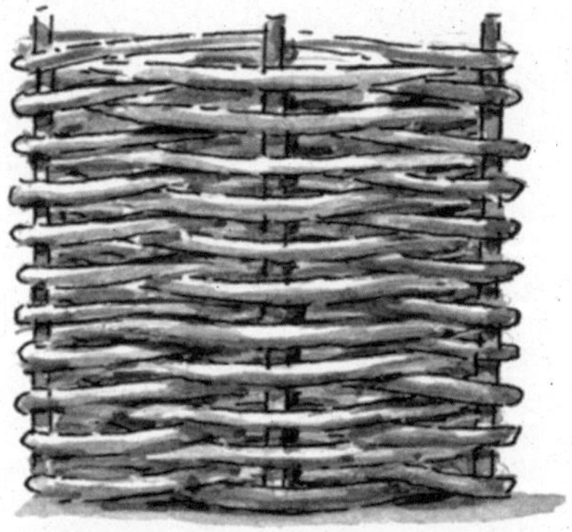

Aus Weidenruten oder Haselnusszweigen entstehen schöne Flechtzäune für den Naschgarten.

In den Bau eines Flechtzauns können Kinder sehr gut einbezogen werden. Als Erstes muss gemeinsam entschieden werden, wie hoch der Zaun werden soll. Passend dazu sind dann die Pflöcke auszuwählen, z. B. Rundpfähle oder dickere, unten angespitzte Äste, die einfach im Abstand von 1 Meter im Boden versenkt werden. Im Eingangsbereich sollten Sie eine Lücke für das Tor frei lassen. Sobald Sie ein passendes Türchen gefunden haben, werden auch hier zwei Pfosten gesetzt.

Dann wird geflochten, und zwar mit Weidenruten oder auch mit langen Trieben von Hartriegel, Forsythia oder Haselnuss. (Haselruten gelten wegen ihrer Borke als besonders verrottungsfest, sehen schön aus und halten etwa fünf bis acht Jahre). Wichtig ist, dass die Ruten möglichst lang und elastisch sind, damit man sie gut flechten kann.

Um die Ruten noch geschmeidiger zu machen, werden sie einige Zeit ins Wasser gelegt. Dann fängt man an einer Seite der Tür an und legt die Ruten immer einmal vor den Pfahl, beim nächsten Mal dahinter, dann wieder davor, und so geht es immer weiter, wie beim Weben. Ist die eine Rute zu Ende, wird die nächste einige Zentimeter überlappend einfach an der gleichen Stelle angelegt. Bei der nächsten Reihe darauf achten, dass die Rute dort, wo sie hinter dem Pfahl war, jetzt davor liegt und umgekehrt. So geht es munter voran, bis die gewünschte Höhe erreicht ist. Je dichter die einzelnen Reihen aneinandergeschoben werden, desto dichter wird am Ende der Zaun. Für einen richtig dichten Zaun braucht man aber auch viel Material.

Eine andere Alternative ist ein Staketenzaun, der wie der Flechtzaun zu den ältesten Zauntypen gehört, aber ein wenig aufwendiger zu bauen ist. Die einzelnen »Staketen« sind im Querschnitt meist halbrund und oben abgeschrägt. In der Vergangenheit nutzte man meist junge, ganz oder zur Hälfte aufgespaltene Fichtenstämmchen und befestigte sie an einer unteren und einer oberen Querlatte aus Lärchenholz.

Seit einigen Jahren gibt es den bereits fertig von der Rolle zu kaufenden »Kastanienzaun«, bei dem die gespaltenen und einseitig angespitzten Staketen mit verzinktem Draht verbunden sind. Durch die flexible Drahtverbindung passt sich der Zaun jedem Gelände an und kann auch kurvig aufgebaut werden, was ihn für die Einfriedung unseres kleinen Naschgartens besonders geeignet macht.

Vor dem Aufbau werden Eichen- oder Robinienpfähle mit einem Durchmesser von etwa 10 bis 12 Zentimeter in den Boden geschlagen, anschließend wird der Rollzaun mit Krampen an den Pfählen befestigt. Aufgrund seiner natürlichen Optik und der Tatsache, dass er in den verschiedensten Höhen angeboten wird, ist er sehr flexibel einsetzbar.

Doch was wäre die schönste Einzäunung ohne Tür, mit der sich der Garten öffnen, aber – ebenso wichtig! – auch wieder schließen lässt. Halten Sie nach einem passenden Tor Ausschau, das Sie am Eingang zwischen zwei Pfosten einsetzen können. Am besten eignet sich ein schönes, altes Tor, das anderswo nicht mehr gebraucht wird.

Damit ist der Naschgarten fertig. Wir sind sicher, er wird bald zu einem Lieblingsplatz Ihrer Kinder werden!

Schöne Basteleien

Ketten aus Hagebutten, Bucheckern & Co.

Hagebutten, Bucheckern, Eichelhütchen, Mohnkapseln und andere Fundstücke aus der Natur lassen sich zu sehr schönen Ketten auffädeln, die als herbstlicher Schmuck um den Hals getragen oder als Girlanden Zimmer, Fenster und Spielbuden verzieren können.

Einfach viele, möglichst gleich große »Perlen« sammeln. Einen festen Faden in eine dicke Nadel fädeln, weichere Fundstücke wie die Hagebutten gleich mit der Nadel auffädeln, härtere erst mit einem kleinen Handbohrer durchstechen und dann zu einer beliebig langen Kette aufziehen.

Beeren-Schaschlik

Die Kinder aus Bullerbü zogen Walderdbeeren auf feste Grashalme, um sie dann beim nächsten Picknick (das bestimmt nicht lange auf sich warten ließ!) mit den Lippen genüsslich von den Halmen abzustreifen.

Gartenerdbeeren – aber auch andere Früchte wie große, feste Himbeeren, Stachelbeeren, entsteinte Zwetschgen oder Mirabellen – kann man mit sehr schöner Wirkung auf hölzerne Schaschlikspieße ziehen, auf Tellern sammeln und beim nächsten Kindertreff servieren.

Der Picknickplatz

Draußen leben, draußen essen ... Die meisten von uns kennen das vor allem aus dem Urlaub in südlichen Gefilden. Wenn die lauen Sommerlüfte wehen, kann dieser Traum aber auch für uns in Mitteleuropa Wirklichkeit werden. Dass es ein Grundbedürfnis der Menschen ist, davon zeugen unzählige Picknicks und Grillpartys in Privatgärten, Parks und auf öffentlichen Grillplätzen.

Auch Kinder finden es toll, wenn es im Garten einen Platz gibt, an dem sie mit der Familie oder mit ihren Freundinnen und Freunden zusammensitzen, leckere Köstlichkeiten zubereiten und genießen können. Grillabende sind deshalb bei Kindern sehr beliebt. Viel spannender als vor einem fest installierten Grill auf der Terrasse zu hocken, finden sie es natürlich, an einem Lagerfeuer zu sitzen, dem Knistern des Holzes zu lauschen und gedankenverloren in die züngelnden Flammen zu schauen. Hier können sie sich auch an einem kühleren Abend noch wohltuend wärmen, gemeinsam Kriegsrat halten, Pläne schmieden, Geschichten erzählen und Lieder singen. Vielleicht findet sich dann sogar noch jemand, der Gitarre spielen kann? Fertig ist die Lagerfeuerromantik!

Klar, dass bei allem, was mit Feuer zu tun hat, aus Sicherheitsgründen immer Erwachsene dabei sein müssen. Ein schönes Picknick können Kinder aber auch ganz allein planen oder spontan veranstalten. Wir stellen Ihnen deshalb einen

runden Platz mit einer Feuerstelle vor, die mit einer Holzplatte abgedeckt wird und sich so in einen schönen Picknickplatz mit Sitzkreis verwandeln lässt. Ist ein Grillabend vorgesehen, wird die Platte abgenommen und das Feuer von Kindern und Erwachsenen gemeinsam entfacht.

Das Element Feuer

Sprechen Sie mit Ihren Kindern an solchen Abenden auch über das Wesen und die Geschichte des Feuers. Die auf der alten griechischen Philosophie fußende Lehre von den vier Elementen lässt sich gerade im Garten gut veranschaulichen, denn hier sind wir den Elementen besonders nah und können sie spüren.

Auch die Geschichte des Feuers ist für Kinder faszinierend. Überlegen Sie gemeinsam, wie wohl die frühen Menschen das Feuer wahrnahmen. Uns erscheint es heute beherrschbar und unserem Willen unterworfen (auch wenn das ja längst nicht wirklich stimmt, wie zerstörerische Wald- und Hausbrände zeigen.)

Für die ersten Menschen aber war es eine bedrohliche Naturerscheinung, die sie zunächst nur beobachten konnten. Feuer entstand durch Blitzschlag, große Hitze oder einen Vulkanausbruch. Die Menschen merkten schon, dass das Feuer nicht nur Zerstörung brachte, sondern auch Licht und Wärme spendete, aber sie konnten es noch nicht nutzen. Dass das Feuer beherrschbar ist, entdeckten sie erst sehr viel später. Die Menschen *erfanden* das Feuer also nicht, sondern fanden es in der Natur vor und lernten, es für sich nutzbar zu machen.

Wissenschaftlichen Schätzungen zufolge können die Menschen seit etwa 700 000 Jahren mit dem Feuer umgehen. Spekulieren Sie gemeinsam mit Ihren Kindern, wie unsere Vorfahren es sich angeeignet haben. Vielleicht mit einem brennenden Zweig von einem Baum, in den der Blitz eingeschlagen hat? Oder als Ergebnis eines Buschbrands? Ein schönes Thema, über das sich am Lagerfeuer hervorragend fachsimpeln lässt.

Fest steht, dass sich das Leben der Menschen durch die »Zähmung« des Feuers extrem veränderte. Das Feuer brachte Licht in die Dunkelheit, spendete ihnen Wärme, schützte sie vor wilden Tieren, brachte sie in ihrer Entwicklung enorm voran. Und es erlaubte den ersten Menschen, Speisen gekocht und gebraten zu verzehren – genau der Effekt, den wir bis heute schätzen!

Lange Zeit konnten die Menschen das Feuer allerdings nur nutzen und noch nicht selbst entzünden. Sie mussten deshalb die Glut sehr gut bewachen und notfalls vorsichtig mit sich herumtragen. Weil dies sehr wichtig für sie war, gab es eigene »Feuerhüter«, die aufpassen mussten, dass das Feuer nie ausging. An diese Tradition können Sie spielerisch anknüpfen, indem Sie bei jedem Lagerfeuer einen anderen Feuerhüter bestimmen, der darauf achtet, dass alle Sicherheitsregeln befolgt werden, das Feuer jederzeit gut »gefüttert« und am Ende zuverlässig wieder gelöscht wird. (Die erkaltete Asche kann als natürliches Düngemittel – mit

Erde oder Kompost gemischt – auf den Komposthaufen gestreut werden.)

Natürlich beschäftigten sich unsere frühen Vorfahren mit der »brennenden Frage«, wie sie das Feuer selbst entzünden könnten. Das erste Streichholz wurde erst 1826 erfunden, sie mussten sich also etwas einfallen lassen …

Das Erzeugen von Feuer gehört zu den wichtigsten Kulturtechniken überhaupt, denn es erlaubte den Menschen, das Feuer zu beherrschen und bei Bedarf gezielt einzusetzen. Die drei Hauptmethoden zum Herbeiführen der berühmten »Initialzündung« sind: Reibung, Funkenschlag und Lichtbündelung.

Probieren Sie das Feuermachen durch Reibung ruhig einmal mit Ihren Kindern aus. (Erklären Sie ihnen aber auch, dass sie das Experiment nur im Beisein eines Erwachsenen wiederholen dürfen!) Sie brauchen dafür einen angespitzten Stab aus weichem Holz sowie einen großen Stein oder ein Stück hartes Holz. Der Stab wird sehr schnell auf dem Stein oder Holz zwischen den Händen hin- und hergedreht, bis die Spitze durch die Reibung sehr heiß wird und das feine Holzmehl zu glimmen beginnt. Nun wird trockenes Gras oder Moos vorsichtig an die heiße Stelle gebracht und entzündet.

Beim Feuermachen durch Funkenschlag wird mit einem Feuerstein gegen einen Pyritstein geschlagen und die dabei entstehenden Funken werden mit Zunder zum Brennen gebracht. Bei der Lichtbündelung wird das Sonnenlicht mit Hilfe eines Brennglases so lange auf einen Punkt fokussiert, bis dort eine ausreichende Zündtemperatur erreicht ist. So wurde übrigens auch im antiken Griechenland das Olympische Feuer entzündet – in einer Silberschale.

Über all dies lässt sich sehr schön am Lagerfeuer plaudern … Wenn die Feuerstelle dann noch um zünftige Sitzgelegenheiten, einen Cowboygrill und eventuell sogar um einen Lehmbackofen ergänzt wird, können Sie eine Atmosphäre schaffen, die vom naturverbundenen Leben früherer Zeiten nicht mehr ganz so weit entfernt ist. Eine wunderbare Möglichkeit, mit netten Menschen zusammenzukommen und gemeinsam unvergessliche Stunden zu erleben!

Planerische Überlegungen

- Welcher Platz in Ihrem Garten eignet sich gut, um bedenkenlos Feuer zu machen, weil (z. B. durch zu nah stehende Bäume oder Büsche) keine erhöhte Brandgefahr besteht und auch die Nachbarn nicht belästigt werden?
- Gibt es in Ihrer Gemeinde Regeln, die beim Brennen eingehalten werden müssen? Das Grillen ist meist von solchen Regeln ausgenommen bzw. wird als »Brauchtum« geduldet. Klar ist natürlich, dass Sie nur trockenes, naturbelassenes Holz verbrennen dürfen.
- Wie viele Menschen sollen an Ihrem Picknickplatz sitzen können? Soll er auch für größere Feste geeignet sein? Entsprechend groß müssen Sie den Sitzkreis planen, der sich im Bedarfsfall auch spontan erweitern lässt.

Sicherheit

»Wohltätig ist des Feuers Macht, wenn sie der Mensch bezähmt, bewacht«, wissen alle, die sich in ihrer Schulzeit noch durch Schillers »Glocke« durchbeißen mussten. Es ist eine Erkenntnis, die es bis heute zu bedenken gilt. Denn solange wir das heiße Element unter Kontrolle haben, ist es für uns wohltuend und nutzbringend. Schon eine kleine Unvorsichtigkeit im Umgang mit dem Feuer oder ein unvorhergesehener Funkenflug kann jedoch schnell zu lebensgefährlichen Bränden führen.

Anstatt Kinder streng von jedem Feuer fernzuhalten, ist es aber ganz bestimmt sinnvoll, sie im Beisein von Erwachsenen einen sicheren Umgang mit dem Feuer üben zu lassen. Vom Anzünden bis zum Löschen des Lagerfeuers sollte jeder Handgriff festen Vorgaben folgen, anfangs von Erwachsenen ausgeführt und nur ganz allmählich und *stets unter Aufsicht* an die Kinder abgegeben werden.

Zum sicheren Umgang mit dem Feuer gehört auch das Bereitstellen geeigneter Löschmittel. Das beste Löschmittel ist immer noch Wasser. Halten Sie stets einen angeschlossenen Gartenschlauch oder ein paar gefüllte Wassereimer einsatzbereit. Auch eine Löschdecke ist schnell bereitgelegt – nach dem Motto: Lieber einmal zu viel vorgesorgt als einmal zu wenig!

Das wird gebraucht

Standort und Platzbedarf:
- Es wird eine ebene Fläche mit einem Durchmesser von 4 – 5 m benötigt.
- Der Platz sollte unbedingt windgeschützt liegen.
- Die Entfernung vom Haus sollte nicht allzu groß sein, damit Essen und Getränke nicht so weit getragen werden müssen.
- Etwa 5 m Abstand zu Bäumen, Hecken, Gebäuden halten (wegen der Brandgefahr).
- Die Anlage des Picknickplatzes schon bei der Gartenplanung berücksichtigen.

Materialbedarf:
- 6 dicke Steine, 30 cm hoch, als Stützen für die Sitzbohlen
- 5 Eichen- oder Lärchenbohlen zum Sitzen (etwa 2 m lang, 6 cm dick)
- Steine als Einfassung der Feuerstelle (z. B. große Pflastersteine oder Basalt-Wasserbausteine)
- Holz fürs Lagerfeuer
- Stabile runde Holzplatte (Durchmesser etwa 1,20 m) aus Lärche, Robinie oder einer anderen für den Außenbereich geeigneten Holzart

Werkzeugbedarf:
- 2 Pflöcke und 1 Schnur (für den Zirkel), Pflöcke zum Abstecken
- Spaten
- Schubkarre

Arbeitsschritte:
- Eine ebene Fläche in Kreisform (4 – 5 m Durchmesser) markieren.
- In der Mitte dieser Fläche die Feuerstelle (1 m Durchmesser) mit Pflöcken abstecken.
- Die für die Feuerstelle vorgesehene Fläche etwa 20 cm tief ausheben. Den Aushub an geeigneter Stelle lagern.
- Feuerstelle mit Steinen einfassen.
- Quaderförmige Steine für den Sitzkreis in Position bringen.
- Holzbohlen auflegen.
- Lagerfeuerholz besorgen.
- Ein Fest zur Einweihung planen.

Und so wird's gemacht

1. Feuerstelle anlegen

Da die Feuerstelle den Mittelpunkt des Picknickplatzes bilden soll, macht es Sinn, den Platz kreisförmig zu gestalten – schließlich möchten alle möglichst gleich weit vom Feuer sitzen. Legen Sie den Sitzkreis aber nicht zu klein an. Ist so ein Lagerfeuer erst einmal richtig in Gang gekommen, kann es ziemlich viel Strahlungswärme erzeugen und man möchte vom Feuer lieber ein wenig Abstand halten. (So schön die Wärme des Feuers auch sein mag, zu viel ist einfach zu viel!) Ein Kreisdurchmesser von 4 bis 5 Meter hat sich als ausreichend bewährt. Je nach Art der Sitzgelegenheiten können in einem solchen Kreis bis zu 20 Personen Platz finden.

Granit- oder Basaltsteine fassen die Feuerstelle ein.

Markieren Sie also als Erstes den Umfang des Sitzkreises. (Hier können die Kinder einmal mehr ihren selbst gemachten Zirkel, siehe Seite 70, zum Einsatz bringen!) Rund um den Mittelpunkt ziehen Sie einen weiteren Kreis mit einem Durchmesser von maximal 1 Meter. Hier wird die Feuerstelle angelegt.

In diesem mittleren Kreis wird eine spatentiefe Mulde ausgehoben (aus einer tiefergelegten Feuerstelle kann die Asche vom Wind nicht so leicht weggeblasen werden). Hier wird später das Feuer brennen – deshalb nicht zu tief graben, denn Feuer braucht Sauerstoff. Den Rand der Mulde fassen Sie mit feuerfesten Steinen ein. Das können Granitsteine oder Basaltsteine sein. Dabei genügt es, die Steine lose aneinanderzureihen, solange diese nicht zu instabil sind. Zur Stabilisierung kann Sand oder Erde in die Lücken geschüttet werden. (Etwaige Überschüsse an den Rändern lassen sich mit einem Handfeger leicht entfernen.)

Bei unserem Beispiel wurden leicht konische Steine für die Einfassung der Feuerstelle gewählt. Mit solchen Steinen lässt sich leichter eine Kreisform legen und die Fugen am Rand werden nicht so groß.

Eine mobile Alternative zur festen Feuerstelle sind große Feuerschalen aus Metall, die es mittlerweile sowohl in schlichter als auch in ästhetisch anspruchsvoller Ausführung gibt. Auch in ihnen lässt sich mühelos ein schönes Feuer entfachen.

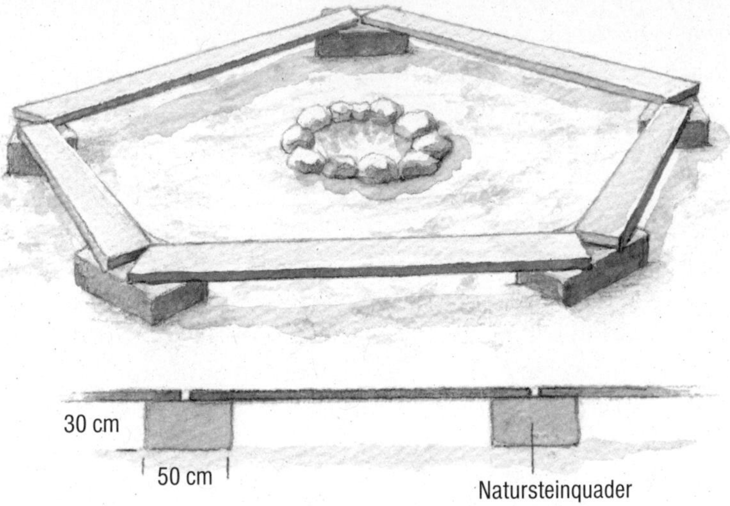

Die dicken Holzbohlen liegen auf quaderförmigen Steinen gut auf.

2. Sitzkreis bauen

Zu einem zünftigen Lagerfeuer gehört ein Sitzkreis aus dicken Holzbohlen, die kreisförmig um die Feuerstelle angeordnet werden. Verwenden Sie dafür Eichen- oder Lärchenbohlen von etwa 2 Meter Länge. Eventuell vorhandene scharfe Kanten können mit einem Schwingschleifer geglättet werden.

Um eine bequeme Sitzhöhe von etwa 40 Zentimeter zu erreichen, werden diese auf entsprechend hohe Steine mit zwei ebenen, parallelen Flächen aufgelegt. Das können Natursteine sein, aber auch mit Hohlblockziegeln lassen sich solche Sitzgelegenheiten bauen. Wichtig ist nur, dass die Steine waagerecht auf einer Höhe liegen, damit die Bohlen nicht kippeln.

3. Grillvergnügen genießen

Die Krönung eines jeden Lagerfeuers ist frisch gebackenes Stockbrot. Bei der Zubereitung des Teigs helfen die Kinder gerne mit. Für die neutrale Variante 1 Kilogramm Mehl mit 500 Milliliter Wasser, 1 Teelöffel Salz und 2 Päckchen Trockenhefe gut verkneten und an einem warmen Ort ausreichend lange gehen lassen, bis sich der Teig deutlich vergrößert hat.

Inzwischen von einem ungiftigen Baum oder Strauch, z. B. von einem Haselnussstrauch, Stöcke abschneiden und an einem Ende entrinden. Den Teig nochmals durchkneten, zu Röllchen formen und diese um die entrindeten Enden der Stöcke wickeln. Die Stöcke übers Feuer – nicht direkt in die Flamme, sondern über die Glut – halten, bis das Brot knusprig braun ist. Dann darf direkt vom Stock geknabbert werden.

Leckere süße Varianten erhält man, wenn man nach dem Backen Löcher in die Stockbrote bohrt und diese mit Marmelade oder Apfelmus auffüllt. Wer es lieber herzhaft mag, gibt typische

Brotgewürze wie Fenchel, Kümmel oder Koriander sowie 2 zerdrückte Knoblauchzehen in den Teig.

Mehr als nur einen Hauch von Cowboyromantik erzeugt ein großer Schwenkgrill, den man mit Hilfe eines dreibeinigen Ständers über der Glut platzieren kann. Ein großer, runder Grillrost hängt in der Mitte des Dreibeins an einer Kette, die man mit einem Feststeller verkürzen oder verlängern kann. Ganz besonders komfortable Exemplare warten dafür sogar mit einem Seilwirbel auf.

Auf dem Rost des Schwenkgrills lassen sich alle Lieblingsgrillrezepte realisieren. Sehr gut kommen bei Kindern in Alufolie oder Bananenblätter (gibt es tiefgekühlt im Asiashop) gewickelte Überraschungspäckchen mit verschiedenen Gemüsearten, Schafskäse, Mittelmeerkräutern und Olivenöl an. Hervorragend grillen lassen sich aber natürlich auch die auf dem Kinderbeet im Naschgarten angebauten Gemüsearten wie Zuckermais oder Kartoffeln. Ein Kinder-Nachtischhit: in der Schale gegrillte (Bio-)Bananen.

Natürlich können Sie an der Kette aber auch – wie die echten Cowboys! – einen Kochtopf übers Lagerfeuer hängen. Am besten geht das mit Kochtöpfen mit Bügel, die es (ebenso wie entsprechende Pfannen) eigens zu diesem Zweck zu kaufen gibt. Oftmals kam bei den Cowboys aber auch einfach eine Konservendose oder eine metallene Kaffeekanne an die Kette. Lassen Sie Ihre Kinder ausprobieren, was ihnen Spaß macht.

In Töpfen mit Bügeln brodelten sich die Cowboys typischerweise einfache Bohneneintöpfe. Um dies nachzumachen, lassen Sie Ihre Kinder eine getrocknete Bohnenmischung in reichlich Wasser einweichen und abgießen und dann mit frischem Wasser, Suppengrün und Kartoffeln über dem Feuer so lange kochen, bis die Bohnen weich sind. Zum Schluss mit Gemüsebrühextrakt, Salz, Pfeffer und Tamari-Sojasauce abschmecken und ein herzhaftes Stockbrot dazu knabbern – der Geschmack von Freiheit und Abenteuer!

4. Picknickstelle einrichten

Die Feuerstelle wird ganz schnell zum Picknickplatz, wenn Sie die runde Holzplatte auf den Steinkreis legen. Damit sie stabil liegt, sollten die Steine rund um die Feuerstelle dafür etwa gleich hoch sein. Es empfiehlt sich, die Platte im Normalfall liegen zu lassen und nur dann abzunehmen, wenn Sie tatsächlich ein Feuer machen wollen. So ist die Asche abgedeckt und der Picknicktisch für Ihre Kinder jederzeit einsatzbereit.

Das Picknick hat ganz andere kulturelle Wurzeln als das Lagerfeuer und auch darüber kann man gut mit Kindern fachsimpeln. Schon dass das im 17. Jahrhundert in ganz Europa eingesickerte Wort »Picknick« aus dem Französischen kommt, zeigt, dass es sich ursprünglich um eine elegante Freizeitbeschäftigung der oberen Schichten handelte. Zwei französische Wörter stecken in dem Begriff: »piquer« = »aufpicken« und »nique« = »Kleinigkeit«. In vielen Sprachen hat er sich bis heute fest eingebürgert. Besonders witzig ist das japanische Lehnwort

»pikunikku« – so heißt das Picknick im Garten bei uns bis heute.

Zu den leidenschaftlichsten Picknickerinnen aller Zeiten gehörte Königin Viktoria von England, die das Essen im Freien zu ihrer Zeit unglaublich populär machte. Damals verbreitete sich auch der klassische Picknickkorb, der neben dem Essen auch eine schöne Decke, Besteck und Geschirr enthält. Richten auch Sie mit Ihren Kindern einen Picknickkorb oder -rucksack mit einer praktischen und robusten Grundausstattung ein, den sich die Kinder bei Bedarf einfach greifen können. Dann wird die Decke über der Holzplatte ausgebreitet, die mitgebrachten Schätze werden ausgelegt, mit Blüten und Zweigen wird der Picknickplatz noch schön dekoriert und dann heißt es wie bei den hochwohlgeborenen Erfindern des Picknicks mit gespitzten Lippen ganz französisch vornehm: »Bon appétit!«

Natürlich kann jede Art von Mahlzeit im Freien eingenommen werden, wenn es das Wetter erlaubt. Bei Kindern bildet sich jedoch meist schnell eine eigene Picknicktradition heraus. Beliebt sind leicht transportable Kuchen wie Buchteln aus Hefeteig, Kekse und geviertelte Sandwiches. Gut geeignet sind auch Gemüse- oder Obststücke mit Dip. Tunken und Kleckern lieben alle großen und kleinen Kinder.

Frisches Gemüse wie Möhren, Fenchel, Brokkoli, Blumenkohl, Selleriestangen, Kohlrabi, Gurken und Zucchini lässt sich leicht in mundgerechte Stücke schneiden. Am schönsten ist dies natürlich, wenn es direkt frisch aus dem Garten geerntet wird. Ein kleiner Streifzug durch die Gemüsebeete, einmal waschen und schneiden, dazu Quark mit etwas Milch, Pfeffer, Kräutersalz und fein geschnittener Minze von der Gummibärchenspirale angerührt: Und schon kann der Dip-Spaß losgehen. Käse oder geräucherter Tofu in Würfeln kann eine schöne herzhafte Ergänzung sein.

Auch beim Obst darf nach Herzenslust gedippt werden: Äpfel, Birnen, Weintrauben, Erdbeeren, Kirschen, Pfirsiche, Aprikosen, Mandarinenschnitze & Co. passen gut zu einem eher süßen Dip aus Quark, Milch und Vollrohrzucker. (Obst, das sich leicht verfärbt, kann nach dem Schneiden mit Zitronensaft beträufelt werden.) Auch hier gilt es, das saisonale Angebot rund um den Picknickplatz bevorzugt zu nutzen.

Eine etwas modernere Idee sind Wraps, die sich die Kinder an Ort und Stelle je nach Geschmack mit verschiedenen Zutaten füllen und rollen können. Bei uns kommen dabei vor allem Zaziki, klein geschnittene Salatblätter, Gurken, Tomaten, Weißkraut- und/oder Rotkohlsalat, Schafskäse oder Falafel zum Einsatz.

Unser Standard-Picknickgetränk ist eine Thermoskanne mit 50 Prozent Apfelsaft und 50 Prozent Früchtetee – gut gekühlt im Sommer und schön warm im Herbst und Winter. Das passt immer!

Schöne Basteleien

Chinesische Feueruhr

Schon 3000 vor Christus erfanden die Chinesen ihre Feueruhr. Quer über eine wohlklingende Schale aus Metall ragte ein mit Pech und Sägemehl beschichteter Stab, an dem in regelmäßigen Abständen mit Fäden kleine Metallkugeln befestigt waren. Wurde der Stab angezündet, fraß sich die Flamme langsam am Stab voran und zertrennte nach und nach die Fäden, an denen die Kugeln hingen. Die Kugeln fielen herunter und zeigten durch das Ertönen der Klangschale an, dass eine bestimmte Zeiteinheit verstrichen war.

Eine solche Feueruhr in vereinfachter Form nachzubauen, ist eine interessante Sache (sollte aus Sicherheitsgründen aber grundsätzlich nur im Beisein eines Erwachsenen geschehen!). An eine lange, möglichst dünne Kerze bindet man in regelmäßigen Abständen Murmeln, Steine oder größere Aufziehperlen. Das untere Ende der Kerze befestigt man zum Beispiel an einem größeren Stein, das obere Ende ragt über einen alten Metallteller (der ruhig auch flüssiges Wachs abbekommen darf). Dann wird die Kerze angezündet und dem Klang der fallenden Kugeln gelauscht. Mit einer Stoppuhr lässt sich der Zeitabstand zwischen den Kugeln bestimmen. Vielleicht gelingt es bei einem nächsten Versuch, einen gleichmäßigen Zeitabstand mit möglichst genauer Minuten- oder Sekundenzahl zu erzielen ...?

Papierfeuer

Aus Transparentpapier in Rot- und Gelbtönen werden lange, oben spitz zulaufende Streifen geschnitten, die wie Flammen aussehen. An den unteren Enden werden diese Streifen dicht an dicht auf einen Ring aus Holz, Metall oder dicker Pappe (z. B. den ausgeschnittenen Deckelrand einer runden Waschmittelpackung) geklebt.

Jetzt wird von unten ganz fest gepustet oder mit einem Stück Holz gewedelt, damit sich die Flammen aufrichten und zu »züngeln« beginnen.

Für einen noch stärkeren Effekt kann man das Ganze von unten beleuchten. Eine große Autotaschenlampe hat sich bei uns dafür bewährt.

Anleitung zum Bau eines einfachen holzbeheizten Backofens

Abdruck mit freundlicher Genehmigung des Ofenbauers Steffen Mau (Adresse siehe Seite 154)

Vom geeigneten Gelände, einem Stapel alter Ziegel, ein wenig Lehm, Sand und Stroh bis zum Backofen zum Backen *eigenen* Brots ist es nur ein kleiner Schritt. Diesen Schritt zu erleichtern, soll Anliegen dieser Anleitung für einen sehr einfachen Backofen im Außenbereich sein.

Der hier vorgestellte Ofen beruht auf einem Jahrhunderte alten Prinzip. Ein einfaches Stein- oder Lehmgewölbe wird durch ein Holzfeuer erhitzt und strahlt, nachdem die Restglut entfernt wurde, seine gespeicherte Wärme auf das Backgut ab. Vorteile dieses Ofenprinzips bestehen in seiner einfachen Bauweise und im besonderen Geschmack des Brotes durch die direkte Berührung mit dem Holzfeuerraum.

Plant man einen Backofen, ist es sinnvoll, rechtzeitig nach alten Baumaterialien Ausschau zu halten. Dafür gibt es drei wesentliche Gründe. Erstens können mit einem bisschen Glück die Kosten gegen Null gehen, zweitens schonen wir unsere Umwelt, indem wir alte Materialien vor der Müllkippe bewahren, und drittens sieht ein Ofen aus gebrauchten Materialien oft schöner und lebendiger aus als einer aus neuen Baumarktmaterialien.

Standort

Der Ofen benötigt keinen Schornstein und kann somit an jeder beliebigen Stelle im Freigelände errichtet werden. Da der Ofen mit Lehm vermauert wird, ist eine Überdachung unbedingt notwendig. Sollte also kein Schleppdach oder Ähnliches vorhanden sein, muss der Ofen im Nachhinein vor Regen geschützt werden.

Bei der Standortwahl ist außerdem zu beachten, dass aufgrund des fehlenden Schornsteins die Flammen aus der Backöffnung schlagen können, sich dort also keine leicht entflammbaren Gegenstände befinden dürfen.

Bei der Suche nach dem Standort sollte man nach eventuellen terrassenförmigen Absätzen im Gelände Ausschau halten. Sind solche vorhanden, kann unter Umständen auf die Errichtung eines Sockels verzichtet werden, denn um nicht ebenerdig heizen und backen zu müssen, sollte der Ofen in einer Höhe von mindestens 50 Zentimeter stehen.

Ist ein geeigneter Standort gefunden und sind alle Materialien zusammengetragen, kann mit dem Bau begonnen werden. Ein Lehmbackofen sollte möglichst im Frühjahr oder im Sommer gebaut werden. Zum einen, um Sockel und Ofen ausreichend Zeit zum Trocknen zu geben, und zum anderen, um die Möglichkeit zu haben, den Ofen über die Sommerzeit zu nutzen.

Fundament und Sockel

Wie alte Bauernhäuser beweisen, reicht es in der Regel, ein Bauwerk auf in Sand gebetteten Feldsteinen zu errichten. (Wer sich hier etwas unsicher ist, sollte als Fundament eine etwa 10 bis 15 Zentimeter

Eine kleine Anhöhe ist ideal, um den Ofen dort aufzubauen.

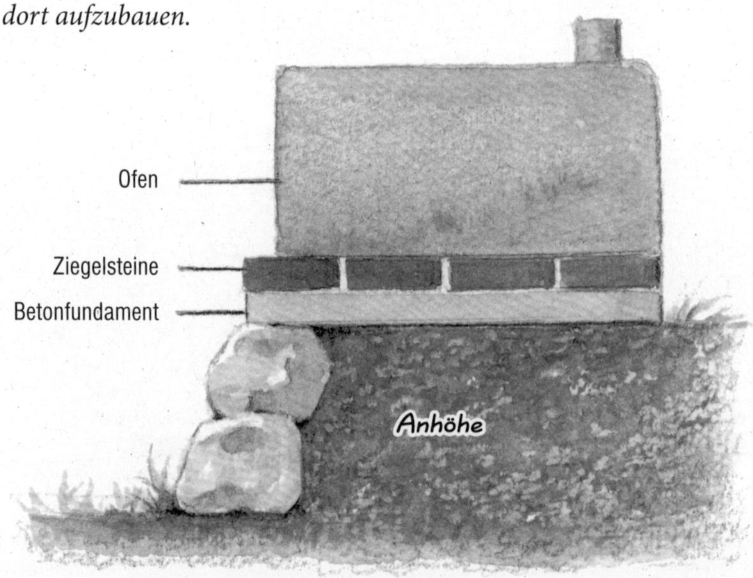

Das wird gebraucht

Standort und Platzbedarf:

- Die Fläche muss frei von leicht entflammbaren Gegenständen sein.
- Zu Bäumen, Hecken und Gebäuden sollte wegen der Brandgefahr ein ausreichender Sicherheitsabstand gewahrt werden.
- Ein Standort mit natürlicher Anhöhe ist besonders vorteilhaft.
- Den Backofen baut man am besten im Frühjahr oder Sommer.

Materialbedarf

Für einen Ofen mit einer Backfläche von 60 × 100 cm benötigt man folgende Materialien:

- etwa 500 kg Sand
- etwa 250 kg Lehm
- Dachpappe als Feuchtigkeitssperre
- 1 Sack Zement für ein kleines Fundament (oder große behauene Feldsteine)
- etwa 220 Ziegelsteine für den Sockel und die Backfläche (auch aus Feldsteinen möglich)
- 80 Schamottesteine für das Backgewölbe (auch schwere Ziegelsteine möglich)
- 1 biegsame Presspappe oder mindestens 3 Gewölbelehren
- Stroh oder Strohhäcksel
- Backofentür

Fürs Dach:

- etwa 40 m Kantholz (10 × 10 oder 12 × 12 cm)
- 18 Dachlatten à 2 m
- 4 Ortgangbretter (25 × 8 × 150 cm)
- 4 Metallfüße für Ständer
- etwa 200 Biberschwanz-Dachziegel (oder andere Dachziegel)
- 8 Firstziegel
- Nägel und Schrauben

Arbeitsschritte:

- Erdreich ausschachten und mit Sand füllen.
- Ein Fundament aus großen Feldsteinen errichten oder eine Betonplatte gießen.
- Feuchtigkeitssperre aus Dachpappe auslegen.
- Die ersten zwei Ziegelsteinreihen des Sockels setzen.
- Gewölbelehre aus Hartfaserpappe aufstellen und Gewölbe von beiden Seiten gleichmäßig aufmauern.
- Backfläche mit Schamotteplatten auslegen.
- Backgewölbe mit Schamottesteinen mauern.
- Dämmschicht aus Stroh und Lehm anbringen.
- Tür einsetzen.
- Ofen mit einem Dach schützen.

starke Betonplatte gießen. Hier empfiehlt es sich, etwas Baustahl oder Ähnliches als Bewehrung mit einzugießen.)

Das Erdreich sollte bis auf festen Grund (Lehm, Sand oder Gestein) ausgeschachtet werden. Das entstandene Loch wird mit Sand aufgefüllt und dieser anschließend verdichtet. Entweder werden mit dem Sand große Feldsteine mit eingebracht (mit der behauenen Seite nach oben) oder am Ende wird eine Betonplatte von 100 × 140 × 10 Zentimeter gegossen (nach etwa 24 Stunden kann dann weitergearbeitet werden).

Als Feuchtigkeitssperre werden zwei Dachpappestreifen aufgelegt, um dann darauf weiterzumauern.

Der Sockel kann sowohl mit Lehmmörtel als auch mit Kalk- oder Kalk-Zement-Mörtel gemauert werden.

Wird der Ofen durch ein entsprechend großes Dach geschützt, reicht ein Lehmmörtel ohne Weiteres aus. Trotzdem ist es sinnvoll, die unteren zwei bis drei Lagen mit Zement oder mit Kalk-Zement-Mörtel zu mauern, um den unteren Bereich gegen eventuelles Spritzwasser zu schützen.

Leider gibt es kein Einheitsrezept für die richtige Lehmmörtelmischung. Lehm schwindet beim Austrocknen und muss deshalb sehr sorgsam verarbeitet werden. Es nützt hier allerdings nichts, diese Mühe mit Kalk und Zement zu umgehen, da für das Backgewölbe ohnehin ein Lehmmörtel benötigt wird. Kalk und Zement sind nicht temperaturbeständig und somit dafür nicht geeignet.

Im Allgemeinen könnte man sagen, dass ein Teil fetter Lehm (Lehm mit hohem Tonanteil) und zwei Teile Sand (Putzkies) einen brauchbaren Mörtel ergeben. Magerer Lehm braucht entsprechend weniger Sand. Prüfen kann man den Mörtel mit der sogenannten Kugelfallprobe: Aus dem Mörtel wird eine Kugel von etwa 3 Zentimeter Durchmesser geformt und aus etwa 1,5 Meter auf eine harte Fläche fallen gelassen. Plattet die Kugel bloß ab, ohne dabei Risse zu zeigen, ist der Mörtel mit Sicherheit zu fett, braucht also mehr Sand. Zeigen sich einige Risse und sprengen einzelne Partikel von der Kugel ab, kann man davon ausgehen, dass der Mörtel ein gutes Mischungsverhältnis hat. Zerfällt dagegen die Kugel zu einzelnen Sandkörnern, ist die Mischung zu mager und es muss noch Lehm zugesetzt werden. Im Zweifelsfall ist es ratsam, eine Probe trocknen zu lassen und deren Schwund und Festigkeit zu überprüfen.

Durchgemengt wird das Ganze am besten mit den Füßen. So braucht man keine aufwendigen Maschinen zu besorgen und spart Zeit und Geld. Ist ein Mörtelrührer vorhanden, ist dies natürlich von Vorteil. Größere Steine sollten mit Rücksicht auf das Gewölbe und auf die Füße entfernt werden.

An den Rändern des Fundamentes werden jetzt zwei Reihen Steine mit 24 Zentimeter gesetzt. Aus Stabilitätsgründen sollte das Sockelgewölbe hinten geschlossen sein. Zwischen die beiden Steinreihen kann jetzt eine gebogene Hartfaserpappe von 110 × 120 Zentimeter als Gewölbelehre gestellt werden. Um ein Zusammenknicken der Pappe zu

Das Gewölbe wird von beiden Seiten gleichzeitig aufgemauert. Die Rundung entsteht, indem die Fugen außen möglichst breit und innen möglichst schmal sind.

verhindern, wird sie von oben mit 4 bis 5 Ziegelsteinen beschwert. Jetzt kann das Gewölbe gemauert werden.

Das Sockelgewölbe muss von beiden Seiten gleichzeitig aufgemauert werden. Die Rundung des Gewölbes entsteht, indem man die Fugen außen möglichst breit und innen möglichst schmal macht. Sind beide Seiten bis fast zur Mitte aufgemauert, kommt der sogenannte Schluss-Stein. Dieser muss relativ genau eingepasst werden, denn er hält das Gewölbe.

Jetzt können die Seitenwände bis ans Gewölbe angemauert werden, um sie dann nach oben mit einer Schicht oder zwei Schichten zu schließen. Der verbleibende Hohlraum im Sockel kann nun mit Sand oder zur besseren Dämmung nach unten mit Blähton aufgefüllt werden.

Die obere Fläche des Sockels wird danach mit besonders glatten Ziegelsteinen oder besser mit Schamotteplatten ausgelegt. Diese bilden die Backfläche und werden bewusst nur im Sandbett verlegt, um die Ausdehnung bei der starken Hitzebeanspruchung möglich zu machen.

Das Backgewölbe

Nachdem der Sockel gemauert und die Backfläche möglichst plan verlegt ist, ist ein großer Teil der Arbeit getan und es kann mit dem Backgewölbe begonnen werden.

Dieses sollte wenn möglich aus Schamottesteinen gemauert werden, da diese die Wärme optimal speichern können. Aber auch mit etwas schwereren Ziegelsteinen lassen sich gute Backergebnisse erzielen.

Begonnen wird hier wieder mit den zwei Außenreihen, um die Hartfaserplatte

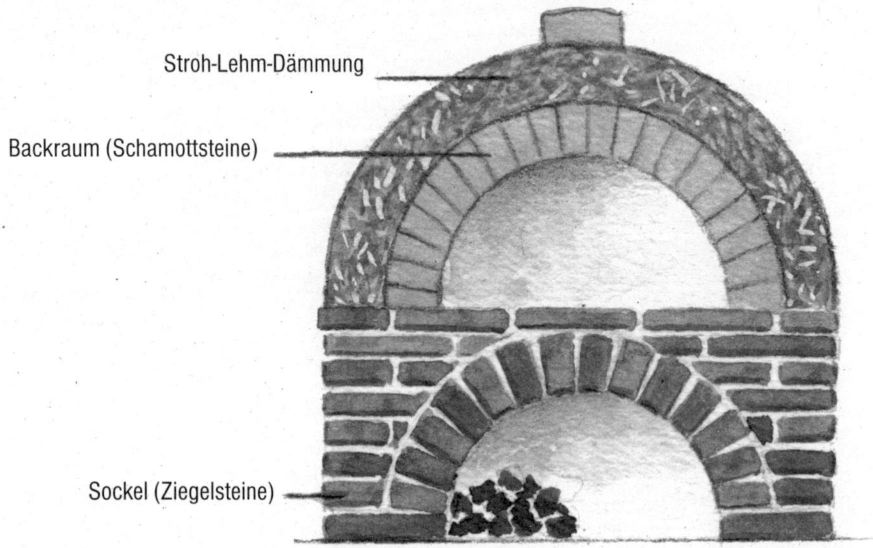

Aus einer Mischung aus Stroh und Lehm wird eine etwa 10 Zentimeter dicke Dämmschicht geformt.

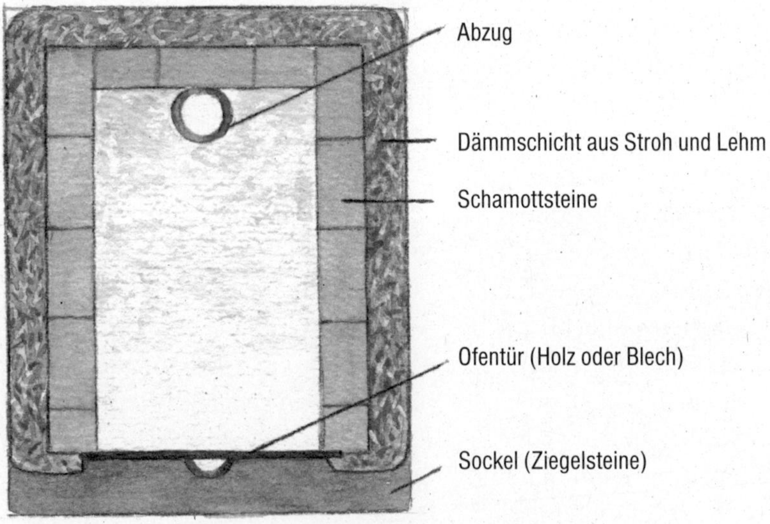

Für den Abzug hat sich ein Keramik- oder Metallrohr (Durchmesser 10 bis 12 Zentimeter) bewährt.

dazwischenstellen zu können. Die Gewölbeform kann auch durch entsprechend zugesägte Gewölbelehren vorgegeben werden. Das Backgewölbe sollte ringsum Platz für eine etwa 10 Zentimeter starke Dämmung und nach vorn für eine Tür lassen. Weiter wird genauso verfahren wie beim Sockelgewölbe, bis der Bogen sorgsam mit den Schluss-Steinen geschlossen wird. Im hinteren Drittel werden zwei Schluss-Steine weggelassen, um eine Öffnung für den Abzug (etwa 12 × 12 Zentimeter) zu erhalten. Die Erfahrung hat gezeigt, dass ein kleiner Abzug im hinteren Teil des Ofens eine bessere Verbrennung gewährleistet. Hierzu reicht es, auf die entstandene Öffnung ein Keramik- oder Metallrohr von etwa 30 Zentimeter Länge (Durchmesser 10 bis 12 Zentimeter) aufzustellen, welches dann mit der Dämmung befestigt und abgedichtet wird.

Beim Aufmauern sollte darauf geachtet werden, dass die Fugen nach innen so klein wie möglich sind, um später ein eventuelles Durchbröckeln des Mörtels weitestgehend auszuschließen. Dieses Gewölbe sollte frei stehen und erst später hinten geschlossen werden. Die Spanpappe, die vorher auf kleine Leisten gestellt wurde, kann nach kurzer Zeit entfernt oder später beim Anheizen ausgebrannt werden.

Dämmung

Ist das Gewölbe fertig, kann gedämmt werden. Hierzu nimmt man etwa 10 Zentimeter langes Stroh und eine etwas dickere Lehmschlämpe (Konsistenz etwa wie Dickmilch) und knetet beides zusammen. Dabei soll ein relativ hoher Strohanteil eingebracht werden, um eine gute Dämmung zu erzielen.

Das entstandene Gemisch wird dann so lange an den Ofen geworfen, bis eine etwa 10 Zentimeter starke Schicht entstanden ist. Diese kann außen mit den Händen glatt gestrichen oder mit einer mageren Lehm-Sand-Mischung verputzt werden. Vor dem Verputzen sollte die Dämmschicht weitestgehend fest sein.

Beim Aufbringen der Dämmschicht kann bereits eine Mulde für die Tür mit eingearbeitet werden. So wird sichergestellt, dass diese später optimal schließt.

Die Tür

Die Tür kann sowohl aus Blech als auch aus Holz bestehen. Eine Holztür hat den Vorteil, dass sie während des Abbrandes in Wasser eingelegt werden kann, um dann beim Backen die nötige Backfeuchte zu spenden. Während des Backens kann sie zusätzlich mit einem Lehmmörtel verstrichen werden, um den Ofen völlig dicht abzuschließen.

Ist der Ofen soweit fertig, sollte er unbedingt durch ein Dach vor Regen geschützt werden. Er darf langsam trocken geheizt werden.

Das Backen

Ist der Ofen weitestgehend trocken (einige feuchte Stellen in der Außendämmung sind ohne Belang), kann mit dem Backen begonnen werden. Hierzu eignet sich am besten trockenes Reisig, da bei seiner Verbrennung viel Hitze und wenig Glut entsteht.

Der Backraum wird mit dem Reisig aufgefüllt und dieses angezündet. Hierbei kann man ein Blech gegen die Öffnung lehnen, um das Einströmen von zu viel kalter Luft zu verhindern.

Ist das Reisig bis auf wenig Glut heruntergebrannt (etwa 1 bis 1,5 Stunden), wird diese mit einem Schaber entfernt und die Backfläche mit einem nassen Lappen, der an einem Holzstiel befestigt wurde, ausgeschleudert.

Zur Erkennung der richtigen Temperatur bedarf es einiger Erfahrung. Jedoch gibt es auch einige einfache Anhaltspunkte für eine gute Ofentemperatur. Erstens sollte aller Ruß vom Gewölbe abgebrannt sein, dann ist der Ofen heiß genug. Verbrennt jedoch eine Handvoll Mehl auf der Backfläche, ist diese noch zu heiß und muss mit dem nassen Lappen »abgelöscht« werden. Wird das Mehl dagegen nicht im Geringsten braun, sollte noch einmal etwas nachgeheizt werden.

Im Handel werden hierfür auch geeignete Backthermometer angeboten. Ein solches Thermometer stellt man nach dem Ablöschen in den Backraum und kann so die genaue Temperatur ermitteln.

Hat man die richtige Temperatur im Ofen, können die vorgegangenen Brote auf die heiße Backfläche gelegt oder in Kastenformen eingestellt werden. Die feuchte Ofentür wird mit einem dünnen Lehmmörtel in die Öffnung gesetzt und etwa nach einer Stunde sind die Brote ausgebacken. Ein Brotschieber erleichtert hier das Ein-und Ausbringen des Brotes oder anderer Backgüter.

Viel Spaß beim Backen!
Steffen Mau

Das Strauchhaus

In unserer Kindheit war es das Schönste und Spannendste, in verwilderten Gärten, an Waldrändern und in Gebüschen auf Entdeckungsreise zu gehen und fern der elterlichen Aufsicht den Forscherdrang und den Wunsch, sich eine eigene Lebenswelt zu schaffen, auszuleben. Im tiefsten Dickicht haben wir uns Höhlen und Buden gebaut und dort Familie gespielt. Oder Indianer.

Alle Fachleute sind sich einig, dass Kinder das ungestörte und unbeobachtete Spielen in der Natur brauchen. Sie wollen sich verstecken und verkriechen, wollen träumen, unter sich sein und Geheimnisse miteinander teilen. Aber wo sollen sie diesem Bedürfnis nachgehen?

Leider gibt es heute diese freien, naturnahen Spielmöglichkeiten, wie wir sie noch kannten, längst nicht mehr überall. Genau aus diesem Grund empfehlen wir Ihnen so dringend, sie im eigenen Garten nachzubauen. Denn Kinder brauchen Rückzugsorte, an denen sie ihren Fantasien nachgehen und ganz für sich sein können, an denen sie das Gefühl haben: »Dieser Platz gehört mir.« Fertig gekaufte, gleichförmige Spielhäuser sind hier kein Ersatz. Weil sie starr und wenig variierbar sind, bleiben sie meist nur für kurze Zeit interessant und werden schnell langweilig. Kinder brauchen Spielräume, die sie selbst verändern können und dürfen. Mit ihren sich ständig wandelnden

Rollenspielen verändert sich auch das Umfeld, wird von einer Ritterburg zum Piratenschiff, von der Räuberhöhle zum Märchenschloss. Je weniger es vorstrukturiert ist, desto besser lässt es sich auch in der Fantasie zu etwas ganz anderem deklarieren. Gerade dieses eigenständige Spielen ist es, was Kinder stark und selbstbewusst macht. In endlosen Rollenspielen üben und bearbeiten sie ihr Erleben und erproben dabei alte und neue Lösungen.

Der Wunsch nach Rückzug steht also im Vordergrund. Deshalb sind es auch eher die vom Haus entfernter liegenden Gartenteile, die für die Erfüllung dieses Wunsches in Frage kommen. Ein besonders schöner und naturnaher Spielraum – ein lebendiges Gartenhäuschen! – ist das Strauchhaus.

Ein solches Strauchhaus ist unserer Erfahrung nach das beste aller denkbaren Spielzimmer. Sie werden sehen, dass Ihre Kinder dort stundenlang zufrieden spielen und sich immer wieder neue Spielideen ausdenken werden.

Gleichzeitig hat das Strauchhaus zwei tolle Nebeneffekte: Zum einen ist es in sich selbst ein wertvolles Biotop, das zahlreichen Tieren Unterschlupf bietet. Da es nicht dauernd bespielt wird, können hier die unterschiedlichsten Vögel und Kleintiere heimisch werden. Zum anderen können die Kinder fast nebenbei verschiedene Sträucher kennenlernen und damit ihr Naturwissen erweitern. Dazu gehören auch ganz praktische Kenntnisse: Aus welchem Strauch lassen sich die besten Flöten schnitzen? Woraus kann ich am besten Pfeil und Bogen basteln? Rund um das Strauchhaus werden spielerisch die vielfältigsten Erfahrungen gesammelt.

Da das Strauchhaus schon ein wenig raumgreifend ist, stellt sich natürlich die Frage: Wo passt es am besten hin? Bei einem Neubaugrundstück spielt dies schon früh eine Rolle. Es ist sehr sinnvoll, sich bereits in der Bauphase zu überlegen, welche Bereiche des Gartens wie genutzt werden sollen. Für die strukturbildenden Elemente wie Bäume und Sträucher ist diese Überlegung vor allem deshalb wichtig, weil man sich über einen längeren Zeitraum hin festlegt. Schließlich will man nichts Größeres pflanzen, was nach zehn Jahren wieder verschwinden muss.

Ein detaillierter Gartenplan, der auch die zeitlichen Dimensionen berücksichtigt, ist deshalb eine gute Vorausetzung. Da Sträucher erst einmal drei bis fünf Jahre brauchen, um sich zu entwickeln, macht es auch Sinn, sie möglichst früh zu pflanzen, damit die Kinder nicht schon zu alt sind, wenn das Strauchhaus zugewachsen ist.

Ist die Standortfrage erst einmal entschieden, ist das Strauchhaus einfach zu bauen und zu pflegen. Wie Sie dabei vorgehen und welche verschiedenen Straucharten Sie wählen sollten, wollen wir Ihnen gern erklären. Ein paar Jahre dauert es dann, bis die Wände sich richtig schließen. Dies sollten Sie unbedingt beim Planen bedenken!

Zu groß gewachsene Sträucher lassen sich mit einer Heckenschere stutzen. Natürlich muss auch der Eingang per Schnitt freigehalten werden. Und wer weiß? Vielleicht legen Ihre Kinder eigenständig auch noch ein paar Fenster an?

Als Alternativen zum Strauchhaus werden wir Ihnen noch einige andere naturnahe Spielräume vorstellen, die dem Verstecken und dem Rückzug dienen und meist schneller umzusetzen sind: das Weidentipi, die Laube und das Kinderhaus. Am Ende des Kapitels steht das einjährige Feuerbohnentipi (siehe Seite 118), das im Frühsommer wunderbar blüht und im Spätsommer sogar eine reiche Bohnenernte bringt, aber leider nicht winterhart ist und mit dem ersten Frost wieder vergeht – ein Tipi, das sich Kinder dafür nach kurzer Einweisung aber auch Jahr für Jahr ganz leicht selbst wieder anlegen können. Die Vorfreude wächst dann in jedem Frühjahr umso mehr.

Und so wird's gemacht

1. Platz abstecken und Pflanzlöcher vorbereiten

Wie auf Seite 108 schon angedeutet, eignet sich für das Strauchhaus eine ruhige Gartenecke, wo die Kinder ungestört sein können, besonders gut. Stecken Sie eine runde oder ovale Fläche von etwa 12 × 12 Meter mit kleinen Stöcken oder Holzpflöcken ab. Auf den Rand dieser Kreis- oder Ovalform werden dann die Sträucher gepflanzt. Markieren Sie die Pflanzlöcher im Abstand von 1 Meter. Wenn Sie versetzt eine zweite Reihe pflanzen, wird das Strauchhaus dichter (siehe Abbildung auf Seite 109).

2. Sträucher pflanzen

Es eignen sich vor allem Sträucher, die keine Dornen haben, bogig überhängend wachsen und damit quasi eine Art Höhle oder Laube bilden. Sie sollten schnittverträglich sein und auch Vögeln Nahrung bieten. Da Ihre Kinder das Strauchhaus nicht ununterbrochen bewohnen werden, ist es auch für wildlebende Gartenbewohner ein guter Rückzugsbereich. Und Ihre Kinder können die mit der Tierbeobachtung verbundenen spannenden Erlebnisse genießen.

Die für den Strauchhausbau verwendeten Pflanzen sollten nicht höher als 3 Meter werden. Dornige Sträucher sollten Sie, wie gesagt, lieber meiden, solche mit essbaren Früchten dagegen sind willkommen. In der Tabelle (siehe Seite 112) finden Sie einen Überblick über die für das Strauchhaus empfohlenen Pflanzen. Sie können sich daraus eine Lieblingsart aussuchen oder aber verschiedene Arten verwenden.

Heben Sie ein zwei Spaten tiefes Pflanzloch aus und achten Sie darauf, dass der Wurzelballen locker hineinpasst. Zum besseren Pflanzstart können Sie ein paar Schaufeln Kompost ins Pflanzloch geben. Das hängt natürlich ganz davon ab, wie nährstoffhaltig Ihr Boden ist. Füllen Sie das Pflanzloch mit Gartenerde auf und rütteln Sie dabei die Pflanzen etwas hin und her, damit sich die Erde gut verteilt. Treten Sie den Boden anschließend ein bisschen fest und gießen Sie die frisch gepflanzten Sträucher gut an.

Und jetzt heißt es drei bis fünf Jahre warten, bis das Strauchhaus fertig gewachsen ist. Natürlich können die Kinder aber auch schon vorher in dem Strauchrund spielen, sich diesen Rückzugsraum nach und nach erobern und dabei zuschauen, wie das Dach über ihrem Kopf langsam zuwächst.

Beim Pflanzen von Sträuchern in einem Garten mit Kindern sollten Sie stets bedenken, dass die Früchte einiger Sträucher mehr oder weniger giftig sind. Diese Tatsache muss nicht dazu führen, dass alles möglicherweise Gefährliche aus dem Garten verbannt wird. Im Gegenteil, sie kann positiv genutzt werden, um mit Kindern den bewussten Umgang mit Früchten einzuüben. Sprechen Sie mit Ihren Kindern darüber, welche Beeren

Das wird gebraucht

Standort und Platzbedarf:

- Das Strauchhaus wird am besten in einer vom Haus entfernteren Ecke des Grundstückes angelegt.
- Der Platzbedarf für ein Strauchhaus liegt bei etwa 12 × 12 m. (Kleinere Strauchhäuser sind möglich, wenn man zum Beispiel eine bereits bestehende Hecke einbindet.)
- Es empfiehlt sich, die Lage des Strauchhauses schon bei der Gartenplanung zu berücksichtigen. Es dauert drei bis fünf Jahre, bis das Strauchhaus schön eingewachsen ist.

Materialbedarf:

- 20 bis 30 Sträucher (siehe Tabelle auf Seite 112)
- Kompost fürs Pflanzloch nach Bedarf
- Bretter und anderes Material für den Einbau einer Bude
- Requisiten zur Einrichtung des Hauses

Werkzeugbedarf:

- Maßband
- Holzpflöcke zum Abstecken
- Spaten
- Schubkarre
- Gießkannen, Wasserschlauch
- Gartenscheren, Astscheren

Arbeitsschritte:

- Fläche abstecken (Kreisform oder Oval).
- Pflanzlöcher markieren, Abstand etwa 1 m.
- Pflanzlöcher spatentief ausheben, Erde seitlich lagern.
- Sträucher einsetzen.
- Sträucher angießen.
- Zusätzliches Baumaterial bereitstellen.
- Sich von den Kindern zum Hausbesuch einladen lassen.

Empfehlenswerte Gehölze für ein Strauchhaus (Auswahl)

Deutscher Name *Botanischer Name*	**Wuchshöhe**	**Standort**	**Blühzeit (Monate)**	**Blütenfarbe**	**Wert für Tiere, Genießbarkeit für Menschen**
Felsenkirsche *Prunus mahaleb*	2 - 4 m	trocken, sonnig	4 - 5	weiß	Nahrung für Vögel, Insekten und Säuger; Früchte essbar
Gemeiner Schneeball *Viburnum opulus*	1 - 3 m	feucht	5 - 6	weiß	Nahrung für Vogel; Früchte ungenießbar
Hartriegel *Cornus sanguinea*	2 - 4 m	trocken, sonnig	5 - 6	weiß	Beeren für Vögel; Früchte ungenießbar
Haselnuss *Corylus avellana*	3 - 5 m	tolerant	2 - 4	gelb	Nahrung für Käfer, Vögel und Säuger; Früchte essbar
Kornelkirsche *Cornus mas*	2 - 4 m	trocken, sonnig	3	gelb	Nahrung für Vögel und Insekten; Früchte essbar
Liguster *Ligustrum vulgare*	1 - 3 m	tolerant	6 - 7	weiß	Nahrung für Bienen, Vögel und Säuger; Früchte ungenießbar
Schwarzer Holunder *Sambucus nigra*	1 - 4 m	tolerant	5 - 6	weiß	Nahrung für Vögel, Insekten und Säuger; Früchte essbar (erhitzen!)
Waldhimbeere *Rubus idaeus*	1,5 m	feucht, halb-schattig	5 - 6	weiß	Nahrung für Vögel, Insekten und Säuger; Früchte essbar
Wolliger Schneeball *Viburnum lantana*	1 - 3 m	trocken, sonnig	5 - 6	weiß	Nahrung für Vögel, Insekten und Säuger; Früchte ungenießbar

gegessen werden können und welche nicht. Zeigen Sie am konkreten Beispiel im Garten oder in der Natur, um welche Früchte es sich handelt. Machen Sie Ihren Kindern klar, dass sie bestimmte Regeln im Umgang mit solchen Früchten lernen müssen und dass sie – ohne jede Ausnahme! – nur essen dürfen, was ihnen als essbar bekannt ist. »Lieber einmal zu viel fragen als einmal zu wenig!«, ist in diesem Zusammenhang eine gute Familiendevise. Dies gilt im Übrigen auch für die Eltern bei der Auswahl der Gartensträucher. Auf Seidelbast, Pfaffenhütchen, Goldregen und Stechpalme sollten Sie in Ihrem Familiengarten allerdings verzichten.

Strauchhaus für Eilige – das Weidentipi

Eine in den letzten Jahren zunehmend beliebte Variante des Strauchhauses ist das Weidentipi. Sein großer Vorteil besteht darin, dass es sehr viel schneller »fertig« ist als das Strauchhaus. Weiden wachsen rasch, sodass man damit rechnen kann, dass das Weidentipi nach einem Sommer schon schön dicht geworden ist. Es benötigt allerdings auch wesentlich mehr Pflege. Die frischen Weidenruten müssen regelmäßig eingeflochten werden, damit das Ganze nicht aus dem Ruder läuft. Ein zusätzlicher Reiz ist die spitze Tipiform, die zu fantasievollen Indianerspielen einlädt.

Der beste Zeitpunkt für den Bau eines Weidentipis ist das zeitige Frühjahr. Das Material ist dann verfügbar und die frisch geschnittenen Ruten haben noch Gelegenheit, gut anzuwurzeln. (Weiden können Sie von Oktober bis März von Gemeinden oder Naturschutzverbänden bekommen, die ihre Kopfweiden regelmäßig schneiden.) Die Ruten sollten etwa armdick und 2 Meter lang sein. Verwenden Sie sie möglichst frisch und stellen Sie sie vor dem Eingraben etwa 12 Stunden lang in Wasser.

Nun wird – wie für den Bau der Kräuterspirale – mit einem selbst gemachten Zirkel ein Kreis gezogen und mit Mehl oder Sand nachgestreut. Der Durchmesser kann je nach gewünschter Größe des Tipis von 2 bis 6 Meter reichen. (Je kleiner der Kreis, desto spitzer die Tipiform.) Entlang der Markierung wird ein etwa zwei Spaten tiefer und einen Spaten breiter Graben ausgehoben. Das Einsetzen der Weidenruten in diesen Graben schafft man am besten zu zweit: Die eine Person hält die Ruten in Position, die andere verfüllt den Graben und tritt die Erde mit dem Absatz fest. (Alternativ kann man die Ruten vorher anspitzen und tief in den Graben drücken.) Der Abstand zwischen den Ruten sollte 15 bis 30 Zentimeter betragen, je nachdem, wie dicht das Tipi werden soll und wie viele Ruten zur Verfügung stehen. Die Ruten sollten oben spitz zusammenlaufen und zusammengebunden werden. (Man kann die Ruten auch diagonal stecken und an den Kreuzungspunkten mit Bindedraht miteinander verbinden.) In größeren Abständen werden horizontal dünnere Ruten eingeflochten, um dem Tipi Stabilität zu verleihen. Dann müssen Sie noch durchdringend wässern und den Graben in der Folgezeit immer feucht halten. Bei all diesen Arbeiten können Kinder aller Altersstufen sehr gut mithelfen.

Im ersten Jahr können Sie und Ihre Kinder zuschauen, wie die Weidenruten allmählich wachsen. Unterstützen Sie den Prozess, indem Sie sie bei Trockenheit regelmäßig wässern – diese Aufgabe können Sie auch Ihren Kindern übertragen. Im darauf folgenden Jahr können Sie dann damit beginnen, die Seitentriebe miteinander zu verflechten, und zwar am besten dann, wenn die Weiden noch kein Laub tragen – eine Aufgabe, die viele Kinder gern übernehmen. In allen späteren Jahren können die Seitentriebe dann in das sich langsam herausbildende Geflecht mit eingewoben werden. Auf diese Weise wird das Tipi mit den Jahren immer dichter. (Nur bitte den Eingang und vielleicht auch noch das eine oder andere Guckloch nicht vergessen!)

Wie bei allen Weidenbauten ist auch beim Weidentipi in den Folgejahren eine regelmäßige Pflege unerlässlich, damit es seine Form behält. Durch Schnitt und Einflechten der neu gewachsenen Ruten erreichen wir, dass die Weidenwand unten nicht verkahlt und im schlechtesten Fall einzelne Ruten trocken werden. (Vorsicht: Immer so schneiden, dass keine trockenen Astenden in Augenhöhe entstehen.)

Neben dem klassischen Tipi gibt es andere Weidenbauwerke, die als Spielelemente gut geeignet sind, beispielsweise Laubengänge unterschiedlicher Höhe, angefangen vom Kriechtunnel bis hin zu normal begehbaren Wandelgängen. Einen sehr gemütlichen Sitzplatz bietet zum Beispiel auch die Weidenmuschel (siehe Abbildung auf Seite 115).

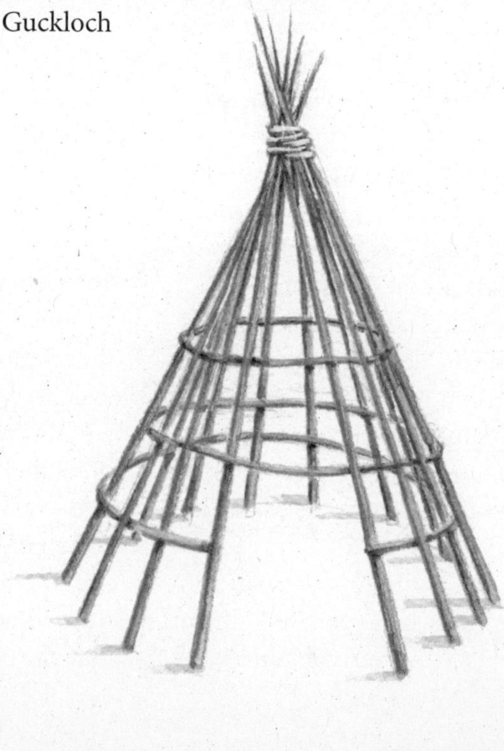

Im zeitigen Frühjahr können die armdicken Weidenruten gepflanzt werden. Bei Trockenheit ausreichend gewässert, treiben sie rasch aus und sind fortan ein wunderbares Spielzelt.

Strauchhaus mit Wohlfühl-faktor – die Laube

Auch die Laube ist eine Art Strauchhaus und nicht nur bei Erwachsenen sehr beliebt. Mit einer Laube möchte man sich bewusst einen geschützten, intimen Bereich schaffen, in den man sich bei Bedarf zurückziehen kann. Da versteht es sich von selbst, dass die Laube vor fremden Blicken besonders gut geschützt sein muss. Eine dichte Bepflanzung mit Sträuchern und Kletterpflanzen bringt hier den gewünschten Erfolg. Da die Laube ja auch einen Eingang braucht, muss gut überlegt sein, nach welcher Seite sie offen sein kann, ohne dass der Wohlfühlfaktor geschmälert wird. Besonders schön wirkt es natürlich, wenn sich aus der Laube heraus ein reizvoller Blick in die Ferne bietet. Die rückwärtige Seite sollte nicht nur sicht-, sondern auch windgeschützt sein.

Grundsätzlich unterscheiden wir zwischen Lauben, die ein Rankgerüst brauchen (z. B. Rosen-, Clematis- oder Weinlauben), und Lauben, die sich selbst tragen können, weil die Äste der verwendeten Sträucher das Traggerüst bilden.

Mit duftenden Kletterrosen berankte Traggerüste aus Stahl sind natürlich ein Traum, wegen der Dornen als Spiellauben allerdings weniger günstig. Aber auch andere Kletterpflanzen wie Clematis, Hopfen, Wein oder Blauregen eignen sich zur Begrünung.

Wie beim Strauchhaus lassen sich aus vielen größeren, blühenden Sträuchern wie Jasmin, Spieren oder Schneeball im Laufe mehrerer Jahre sehr schöne, sich selbst tragende Lauben formen. Am besten eignen sich alle Sträucher mit einer bogig überhängenden Wuchsform. Es kommt nur darauf an, einen hufeisenförmigen Raum zu schaffen. Die Form dieses Raumes können Sie, wenn die Sträucher eine Höhe von über 2 Meter erreicht haben, durch regelmäßige Schnittmaßnahmen selbst gestalten.

Aus unserer Kindheit kennen wir vor allem die klassischen Hainbuchenlauben, die ebenfalls hervorragend in einen naturnahen Garten passen. In den Ecken einer Fläche von etwa 4 × 4 Meter werden jeweils drei Hainbuchen mit je drei Trieben gepflanzt. Pro Ecke werden die seitlichen Triebe an Drähten oder mit Stäben nach rechts bzw. nach links geleitet und nach einigen Jahren mit den Trieben der anderen Ecken zusammengebunden, damit grüne Wände entstehen. Die mittleren Triebe zieht man diagonal zur Mitte. Sie bilden später das Dach der Laube. Hainbuchen lassen sich ganz leicht in Form schneiden. Die Laubenwände kann man also ganz nach den eigenen Wünschen gestalten. Selbstverständlich kann man aber auch andere Heckensträucher auf die gleiche Weise pflanzen und durch Schnitt so formen, dass sie kuschelige Spiellauben bilden. (Auch hier daran denken: Immer so schneiden, dass keine trockenen Astenden in Augenhöhe entstehen.)

Kinder bauen andere Häuser

Der Wunsch nach einem eigenen Haus ist schon in frühester Kindheit vorhanden. Den Kleinen reicht schon der Karton eines großen Haushaltgerätes, um daraus ein Spielhaus mit Eingangstür und Fenstern zu basteln. Dort können sie sich selbst verwirklichen, sich einrichten, Rollenspiele umsetzen. Größere Kinder haben den Wunsch, ihre handwerklichen Fähigkeiten auszuprobieren. Sie brauchen ihnen lediglich einen geeigneten Platz, Baumaterial (Bretter, Latten, Decken etc.) sowie Werkzeug zur Verfügung zu stellen, und Ihre Kinder werden mit Elan an die Arbeit gehen.

Lassen Sie die Kinder ruhig werkeln. Weder der Bauablauf noch Ihre ästhetischen Vorstellungen werden mit denen Ihrer Kinder übereinstimmen. Geduld und Toleranz sind gefragt. Es ist oft erstaunlich, welch kreative Bauwerke entstehen. Auch unterschätzen manche Eltern die handwerklichen Fähigkeiten ihrer Kinder. Sie sind sehr fit im Finden von Lösungen und besitzen auch ein gutes Gespür für Machbarkeit. Vertrauen Sie diese Fähigkeiten Ihrer Kinder. »Learning by doing« ist von früher Kindheit an der richtige Weg.

Häufig passen die Kinder ihre Spielhäuser den eigenen Lieblingsspielen an. Indianer brauchen einen Wigwam, Seeräuber ein Seeräuberschiff. Die Bauformen werden hier fließend.

Aber auch ein nicht mehr genutzter Bauwagen kann, in einer Ecke des Grundstücks postiert, Ausgangspunkt

Ein Spielhäuschen aus dem Baumarkt sieht vielleicht »ordentlicher« aus. Kinder haben aber mehr Spaß, wenn sie sich mit ihren Freunden im Garten treffen und gemeinsam planen, hämmern und schrauben dürfen.

für eine vielfältige Nutzung und Umgestaltung sein – für die ganze Familie ein spannendes Betätigungsfeld.

Mit zunehmendem Alter der Kinder werden die Spielhäuser erfahrungsgemäß nicht mehr genutzt, weil andere Interessen wichtiger werden. Wie bei allen Spielelementen gibt es auch hier eine Verwandlungsmöglichkeit. Stabile Kinderhäuser beispielsweise lassen sich als Geräteschuppen nutzen. Auch ein Rückbau ist meist leicht möglich.

Dauerhafte Spielhäuser können auch mit einer geeigneten Bepflanzung im unmittelbaren Umfeld in den Garten integriert werden. Wenn Ihre Kinder erwachsen sind, werden sie sich bei Besuchen sicherlich gern an ihre Kindheit zurückerinnern und mit Gedanken wie »Weißt du noch …?« ihr altes Spielhaus in Augenschein nehmen.

Schöne Basteleien

Feuerbohnentipi

Ein wunderschönes Gartenprojekt ist unser Feuerbohnentipi, in dem sich kleine Indianer im Kindergarten- und Grundschulalter besonders wohl fühlen. Man braucht dafür nicht mehr als eine Handvoll Feuerbohnen und zehn bis zwölf lange Bohnenstangen, Bambusstäbe oder Ähnliches, die in diesem Fall zugleich als Zeltstangen dienen, und eine Schnur.

Allerdings sollte der Boden, auf dem es gepflanzt wird, gut gelockert sein, damit die Stangen in den Boden gedrückt und die Bohnen gut ausgesät werden können.

Natürlich braucht das Zelt nicht so exakt zu sein, unserer Erfahrung nach macht es Kindern jedoch großen Spaß, den runden Grundriss des Tipis mit einem selbst gemachten Zirkel auf den Boden zu zeichnen und mit Mehl oder Sand nachzustreuen (siehe Seite 78). Auf diesem Kreis werden die Stangen möglichst tief in den Boden gedrückt, oben spitz zusammengeführt und zusammengebunden. (Nicht vergessen, Platz für den Eingang freizulassen!)

Am Fuß jeder Stange wird jetzt ein flaches, kleines Loch gebuddelt, in das jeweils drei bis vier Bohnen gelegt werden. Ab sofort werden die Bohnen sorgfältig feucht gehalten und schon bald erscheinen die ersten Bohnenkeime. (Machen Sie den Keimprozess nachvollziehbar, indem Sie gemeinsam mit Ihrem Kind eine Bohne an den Rand eines mit Watte und Wasser gefüllten Glases legen und auf die Fensterbank stellen. Von Tag zu Tag lässt sich nun beobachten, wie die Bohne keimt und anfängt zu treiben.)

Schnell wachsende Alternative zum Strauchhaus, aber nur für einen Sommer lang: das Feuerbohnentipi.

Schon bald winden sich die jungen Bohnenpflanzen links um die Stangen herum und bilden die wunderschönsten, knallroten Blüten. Im Laufe des Sommers wird das Tipi vollkommen begrünt und blickdicht. Von innen lässt es sich ganz nach Belieben der Kinder ausstatten und im weiteren Gartenjahr ganz wunderbar bespielen.

Die sich bildenden Schoten dürfen ruhig braun und trocken werden, ehe sie nach und nach von innen wie von außen abgeerntet werden. An einem trockenen Platz im Garten können die Kinder ihre Ernte sammeln und am Ende – sehr wichtig! – auszählen. Dann wird die Anzahl der Bohnen bei der Ernte mit der der Aussaat verglichen. (Ältere Kinder können vielleicht auch schon den Ertrag pro Bohne ausrechnen.)

Aus den selbst geernteten Feuerbohnen lässt sich ein leckerer Feuerbohneneintopf kochen. Da sich die Bohnen gut trocknen und lange aufbewahren lassen, ist das sowohl direkt nach der Ernte als auch noch lange Zeit danach möglich. Hier das passende Rezept:

Feuerbohneneintopf

etwa 500 g Feuerbohnen (je nach Erntemenge)
Wasser zum Einweichen und Kochen
1 Zwiebel, geschält und gehackt
1 Knoblauchzehe, geschält und zerdrückt
1 EL Rapsöl
750 g Gemüsemischung (beispielsweise Paprika, Möhren, Kartoffeln)
½ l Gemüsebrühe
800 g geschälte Tomaten, in Stücken
300 g Gemüsemais, gegart
1 Spritzer Tabascosauce
1 EL weißer Balsamico-Essig
Paprikapulver
Pfeffer, frisch gemahlen
Muskatnuss, frisch gerieben
Salz

- Feuerbohnen je nach Erntezeitpunkt einige Stunden oder über Nacht einweichen (je trockener die Bohnen sind, umso länger).
- Eingeweichte Bohnen abgießen und in reichlich frischem Wasser etwa 90 Minuten garen und über einem Sieb abtropfen lassen.
- In der Zwischenzeit das Gemüse putzen und in kleine Würfel schneiden.
- Gehackte Zwiebel und zerdrückte Knoblauchzehe nach dem Ende der Garzeit der Bohnen in etwas Rapsöl in einem großen Topf andünsten.
- Das gemischte Gemüse kurz mitdünsten. Die Gemüsebrühe dazugeben. Die Suppe zum Kochen bringen und das Gemüse etwa 15 Minuten bissfest garen.
- Zuletzt geschälte Tomaten, gegarten Mais und vorgekochte Bohnen in den Topf dazugeben und noch etwa 5 – 10 Minuten mitköcheln.
- Nach Geschmack mit Tabascosauce, Essig und den Gewürzen abschmecken.

Am besten schmeckt der Eintopf natürlich bei einem Picknick im Garten. Zum Nachtisch kann dann eine aus einer alten Holzkelle selbst gebastelte, mit leckeren Obststücken gefüllte Friedenspfeife kreisen.

Hugh, wir haben gesprochen!

Indianerschmuck

Jeder echte Indianer braucht natürlich einen imposanten Federschmuck. Schöne Federn findet man bei Spaziergängen am Wegesrand und mit etwas Glück auch im eigenen Garten.

Ein einfacher Kopfschmuck entsteht ganz schnell aus einem Streifen Plakatpappe, die nach Kopfmaß abgeschnitten, zusammengeklebt und auch noch schön bemalt werden kann. Von innen mit Klebeband die Federn festmachen – fertig!

Bei kleinen Squaws besonders beliebt ist der Schmuck am Lederband.

Dazu aus Blumendraht eine Schlaufe formen und die beiden Enden vorsichtig durch ein paar schöne Holz- oder Glasperlen schieben. Den Kiel einer besonders schönen Feder in das Loch der letzten Perle stecken – so hält er Draht und Perle fest. Nun noch ein Lederband durch die Drahtschlaufe ziehen und an den Enden so zusammenknoten, dass sich der Federschmuck gut als Kette tragen lässt.

Das Baumhaus

Wer von uns hat sich nicht schon einmal gewünscht, ein Baumhaus zu besitzen? Wahrscheinlich träumt wohl jedes Kind und auch jeder Erwachsene von einem schönen Rückzugsfleckchen weit oberhalb des normalen Alltags-Meeresspiegels. Wir klettern einfach hinauf und lassen alles andere unter uns, hängen ungestört unseren Gedanken nach, lauschen dem Rascheln der Blätter, spüren die Kraft des Windes, das Rauschen des Regens und die Wärme der Sonne, lassen den Blick in die Ferne schweifen, fühlen uns eins mit der Natur, genießen die Ruhe und erleben die schönsten Traumreisen. Ein Besuch im Baumhaus kann jeden Menschen mit starken Glücksgefühlen erfüllen. Und wer die Chance hat, einmal in einem Baumhaus zu übernachten, schwärmt noch lange von diesem Erlebnis.

Wie sehr Baumhäuser die Fantasie beflügeln können, zeigt die überaus erfolgreiche Buchreihe »Das magische Baumhaus« von Mary Pope Osborne. In der hintersten Ecke ihres Gartens entdecken die Geschwister Anne und Philipp ein Baumhaus voller Bücher. Bald stellen sie fest, dass sie mit dem Baumhaus an alle Orte – und in alle Zeiten! – reisen können, die in den Büchern gezeigt werden. Klar, dass sie dabei die spannendsten Abenteuer erleben …! Die Eltern sind glücklich, weil sich ihre Kinder (auch die Jungen!) mit glühenden Wangen von Band zu Band schmökern. Und die Kinder träumen davon, selbst einmal in ihrem Garten so ein heimeliges Baumhaus zu entdecken, das zu den schönsten Rollenspielen und Zeitreisen einlädt.

Die Idee zu der inzwischen viele Bände umfassenden Reihe kam der Amerikanerin Mary Pope Osborne in den 1990er-Jahren, als sie bei einem Spaziergang im Wald ein halb verfallenes Baumhaus sah – keinen perfekten, viereckigen Kasten, sondern ein schräges, wunderbar individuelles Baumhaus, das die Kreativität der Autorin anfachte und seitdem die Kinder in aller Welt auf seine aufregenden Reisen mitnimmt.

Schon diese Erfahrung zeigt: Ein wirklich tolles Baumhaus bekommt man nicht fertig von der Stange. Jedenfalls üben die kommerziellen Fertig-Baumhäuser lange nicht den Reiz aus, den ein individuell gefertigtes Baumhaus hat. In jedem Fall macht es deshalb Sinn, auf die »Marke Eigenbau« zu setzen. Wie beim Eisenbahnspielen ist der Bau nämlich auch hier das eigentlich Spannende, das gilt sowohl für die am Bau beteiligten Kinder als auch für die Erwachsenen. Und es gibt natürlich auch Baumhäuser, die nicht nur vorübergehend – als Spielort, Aussichtsplattform, als Rückzugsbereich, als Gästezimmer – genutzt werden sollen. Es gibt immer wieder Menschen, die sich mit dem Bau eines Baumhauses eine langfristige und nachhaltige Wohnmöglichkeit schaffen möchten.

Ein Baumhaus zu bauen, kann eine feine gemeinschaftliche Aktion der Familie sein. Sie kann allerdings schon einige Wochenenden dauern oder vielleicht auch eine zu Hause verbrachte Urlaubswoche.

Meistens sind es die Väter, die für ihre Söhne ein Baumhaus bauen möchten. Kinder haben aber meist ebenso viel Interesse am Baumhausbau, wenn auch oft eine völlig andere Herangehensweise und auch andere ästhetische Vorstellungen als Erwachsene. Überhaupt können Kinder meist mehr, als Erwachsene ihnen zutrauen. Wir kennen Kinder, die mit zehn bis zwölf Jahren völlig selbstständig ein doppelstöckiges Baumhaus in einer Birke gebaut haben, während die Erwachsenen lediglich für die Beschaffung des gewünschten Materials sorgten.

Um die unterschiedlichen Bedürfnisse von Kindern und Erwachsenen abzustimmen, macht es Sinn, sich schon im Vorfeld über die gegenseitigen Vorstellungen auszutauschen. Eltern sollten dabei viel Toleranz mitbringen und die sicherlich auftretenden Bedenken in Bezug auf Sicherheit, Bauweise und Realisierbarkeit erst einmal hintanstellen.

Das wird gebraucht

Standort und Platzbedarf:

- Idealerweise gibt es einen schönen, standsicheren Baum, im Notfall geht es auch ohne.
- Ein Baumhaus kann um den Stamm oder in die Krone eines einzelnen Baumes gebaut werden.
- Wählen Sie für das Baumhaus einen besonders schönen Ort im Garten. Ein Baumhaus ist ein Kraftort, ein Rückzugsort.
- Den Bau sollten Sie, wenn möglich, schon bei der Gartenplanung berücksichtigen.

Materialbedarf (je nach Baum unterschiedlich):

- Bretter, Balken, Eichenäste
- Seile, Nägel (Edelstahl oder verzinkt), Spaxschrauben
- Strickleiter
- Dachabdichtung (z. B. Dachpappe, Folie)
- Einrichtungsgegenstände
- Türen, Fenster (Recycling)
- Rindenmulch (als Fallschutz)

Werkzeugbedarf:

- Werkzeuge des Holzbaus (Akkuschrauber, Akkusäge, Hammer, Schraubenschlüssel ...)
- Seilwinde (nach Bedarf)
- Leitern
- Sägen, Schleifpapier
- Arbeitshandschuhe

Arbeitsschritte:

- Geeigneten Baum aussuchen.
- Den Baum auf seine Statik überprüfen.
- Die Bodenebene im Baum festlegen.
- Eventuell störende Äste herausschneiden.
- Für Varianten mit »Stelzen« Fundamente und stabile Stützpfeiler errichten.
- Baustelle sichern, Leitern anlegen und fixieren.
- Material für die Bodenplatte nach oben schaffen.
- Bodenplatte bauen.
- Wände erstellen.
- Dach aufsetzen.
- Aufstieg anbringen.
- Das Baumhaus schön einrichten.
- Restmaterial beseitigen, Fallraum mit Schutzmaterial auslegen.
- Sicherheit überprüfen.

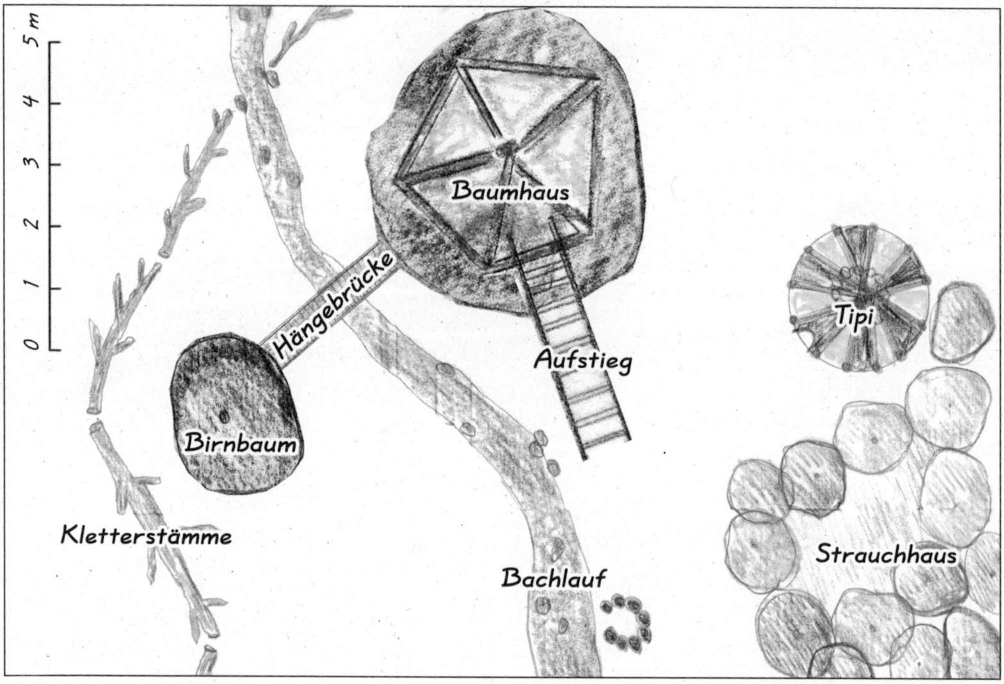

In einem eingewachsenen Garten stehen meist auch geeignete Bäume für ein Baumhaus. Richtig abenteuerlich wird es mit einer Hängebrücke zum Nachbarbaum, einem Bachlauf und weiteren Möglichkeiten zum Klettern und Verstecken.

Wenn die Bodenplatte errichtet wird, sollte allerdings zumindest eine Person dabei sein, die mit Holzhandwerk vertraut ist, da die Stabilität der Bodenplatte sehr wichtig ist.

Fantasie und Kreativität der Kinder können beim Weiterbauen aber häufig zu Lösungen führen, auf die Erwachsene erst einmal gar nicht gekommen wären. Stellen Sie sich bitte auch einmal vor, dass Ihre Tochter die Bauleitung übernimmt. Was für ein schönes Gefühl, nicht nur für die Tochter, auch eine tolle Erfahrung für die »abgeklärten« Eltern!

Ist ein Baumhaus nur zu realisieren, wenn man einen Baum hat? Diese Frage muss man mit einem klaren »Jein« beantworten. Nicht auf jedem Grundstück gibt es geeignete Bäume, die aufgrund ihrer Kronenform, ihrer Statik und ihres Standortes den Bau sinnvoll und möglich erscheinen lassen. Deshalb können Sie natürlich auch über Varianten nachdenken, die dem Flair eines Baumhauses nahe kommen. Eines ist wichtig: In der Mitte des Baumhaus-Inneren sollte es einen Stamm oder Äste geben, die dem Benutzer die Nähe zum Baum vermitteln. Ein auf vier Pfählen stehendes Kinderhaus zählt deshalb nicht als Baumhaus, wohl aber ein um einen Stamm gebautes Stelzenhaus. Verschiedene Varianten finden Sie auf den folgenden Seiten.

So wird's gemacht

1. Baum auswählen

Der erste Schritt beim Bau eines Baumhauses besteht in der Auswahl eines geeigneten Baumes. Wenn Sie über einen alten, eingewachsenen Garten verfügen, stehen dort meist auch Bäume, in denen ein Baumhaus seinen Platz finden könnte – sei es ein großer Apfelbaum, eine Eiche, die beim Bau des Hauses vor hundert Jahren gepflanzt wurde, oder eine Birke, die der Vorbesitzer im Garten gepflanzt hat und die nach zwanzig Jahren durchaus eine Größe erreicht hat, die für ein Baumhaus ausreichend ist. Laubbäume bieten wegen ihrer Kronenstruktur die besseren Voraussetzungen zur Verankerung der Bodenplattform, aber auch Nadelbäume wie Lärchen oder Douglasien können in Frage kommen.

Damit die Bodenplattform Ihres Baumhauses eine stabile Unterlage hat, ist es wünschenswert, dass es in der Höhe, in der das Baumhaus gebaut werden soll, mehrere stabile, halbwegs waagerecht abzweigende Äste gibt. Auch ein Einbau zwischen mehreren Leitästen, die sich schon weiter unten verzweigt haben, ist empfehlenswert (z. B. bei Obstbäumen). Manche Baumarten sind wegen ihrer eher bruchgefährdeten Äste nicht geeignet (z. B. Kirsche, Bruchweide).

Eine weitere gute Methode ist der Bau eines Baumhauses in einer Baumgruppe. Die Bäume sollten natürlich möglichst dicht zusammen (also nicht weiter als 3 bis 5 Meter auseinander) stehen. Eine solche Konstruktion bietet die hervorragende Möglichkeit, ein richtig großes Baumhaus zu bauen, stellt allerdings an die Statik des Hauses selbst erhöhte Anforderungen, da sich bei Wind die einzelnen Bäume unterschiedlich bewegen.

Wenn Sie auf Ihrem Grundstück keinen perfekt geeigneten Baum haben, können Sie das Baumhaus auch um einen statisch weniger optimalen Baum herum bauen und auf vier stabilen Stützen ruhen lassen. Auf diese Weise haben Sie immerhin das Gefühl, dem Lebewesen Baum nahe zu sein.

Wir sind sicher, Sie werden die für Ihren Garten beste Lösung finden!

Geeignete Baumarten sind:
Eiche, Esche, Ahorn, Buche, Hainbuche, Birke, Lärche, Douglasie, Apfel
Nicht geeignete Baumarten sind:
Bruchweide, Kirsche, Rosskastanie, Pappel

Neben Art und Größe spielt der **Standort des Baumes** eine wichtige Rolle. Eine eher windgeschützte Stelle ist vorteilhaft, da die Windangriffsfläche des eingebauten Baumhauses beträchtlich ist. Sie könnte dazu führen, dass bei Sturm die Baumkrone Schaden nimmt. Ein weiteres Kriterium ist der Ausblick, den Sie vom Baumhaus aus haben möchten. Ein weiter Blick über die Landschaft ist schon eine feine Sache. Ihre Kinder wiederum werden Gartenbereiche bevorzugen, in denen sie ungestört sind und zu denen die Erwachsenen nicht ständig gucken kommen.

2. Planen – oder auch nicht

Sobald Sie sich für einen Platz entschieden haben, können Sie mit dem Bauen beginnen – zusammen mit allen Familienmitgliedern, die Lust auf eine gemeinschaftliche Aktion haben. Es braucht sicherlich ein paar Überlegungen im Vorfeld und Sie benötigen ja auch das passende Material.

Die große Frage dabei ist: Brauchen Sie auch eine Planung? Eine Antwort darauf ist nicht einfach. Es gibt Baumhauserbauerinnen und -erbauer, die sich vorher eine Skizze machen, Materiallisten erstellen und die Baustellenlogistik durchdenken. Andere wiederum beginnen einfach mit dem ersten Balken für die Bodenplattform und lassen den Bauprozess sich im Dialog mit dem Baum spontan entwickeln. Irgendwo dazwischen wird Ihre Herangehensweise liegen. Das Bauen eines Baumhauses ist, wie gesagt, immer eine sehr kreative Angelegenheit und die daran Beteiligten werden überrascht sein, welch ungeahnte und fantasievolle Lösungen im Zuge des Bauprozesses entstehen können. Auf diese Weise kommen Sie Ihrem Traumbaumhaus Stück für Stück näher.

3. Boden einziehen

In jedem Fall brauchen Sie aber eine Bodenebene. Diese wird aus Kant- oder Rundhölzern gemacht und auf geeignete Weise im Baum fest eingebaut. Überlegen Sie gut, welche Stelle aufgrund der abzweigenden Äste am geeignetsten ist. Da jeder Baum anders gewachsen ist, muss die Konstruktion der Bodenebene

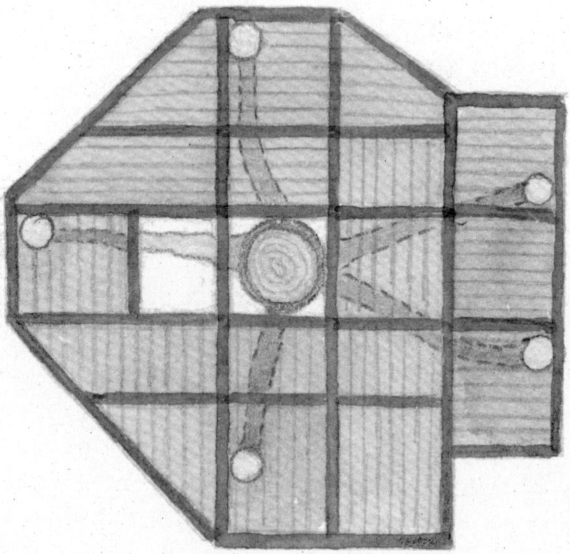

Kanthölzer sorgen für einen stabilen Unterbau. Nut- und Federbretter oder Sperrholzplatten werden daran festgeschraubt und bilden so die Bodenplatte.

individuell ausfallen. Fixieren Sie die Bodenebene am besten mit Seilen. Achten Sie darauf, dass es dabei keine Scheuerstellen gibt. (Scheuern können nur Teile, die sich gegeneinander bewegen können.) Nägel sollten Sie nur in Ausnahmefällen verwenden, weil sie die Rinde verletzen und damit dem Baum schaden. Falls Sie ausnahmsweise doch einmal zu Nägeln greifen, wählen sie verzinkte oder Nägel aus Edelstahl.

Für die Beplankung der Bodenebene eignen sich Sperrholz oder Nut- und Federbretter. Sperrholzplatten müssen auf das Maß der Bodenplatte zurechtgesägt werden, Nut- und Federbretter, die sich ineinanderstecken lassen, sind flexibler zu verarbeiten. Als Erstes wird der Unterbau aus Kanthölzern eingezogen (siehe Abbildung auf Seite 126). Nun werden, beginnend an einer Seite oder am Stamm, die einzelnen Platten oder Nut- und Federbretter eingefügt und mit Spaxschrauben am Unterbau fest verschraubt. Lassen Sie im Boden eine Luke frei, in die Sie später eine Falltür einbauen können. Durch einen Aufstieg in der Nähe des mittigen Stammes können Sie so ganz einfach in das Baumhaus gelangen.

Ihre Bodenebene muss auch nicht unbedingt einen rechteckigen Grundriss haben, dreieckige oder polygonale Formen haben ebenfalls ihren Reiz. Außerdem bieten Baumhäuser mit diesen Grundrissen dem Wind nicht so viel Angriffsfläche. Bei freien Lagen ist dies besonders zu beachten, damit nicht der nächste größere Sturm das Baumhaus samt Baumkrone zunichtemacht.

In der Bodenplatte bleibt eine Luke frei.
Hier kann später eine Falltür eingebaut werden.

4. Wände und Dach errichten

Mit der Bodenebene ist die wichtigste Grundlage für den Weiterbau geschaffen. Mit einer Seilwinde können Sie das zum Bau der Wände und des Daches benötigte Material auf die Bodenebene ziehen und von dort aus den Bau dann fortsetzen. Verwenden Sie vor allem leichtes Material, z. B. Sperrholz, Rückwände von alten Schränken, andere gebrauchte Teile und auch Fenster – schließlich wollen Sie ja auch den Blick in die Ferne genießen. Damit der Bau zügig vorangehen kann, ist ein solider Aufstieg zur Bodenebene ganz wichtig. Meist eignen sich unterarmdicke Zweige, die vom Hauptstamm des Baumes abgehen, sehr gut zum Aufstieg. Allerdings darf ihr Abstand nicht mehr als 50 Zentimeter betragen, sonst gestalten sich der Aufstieg – und vor allem der Abstieg – schwierig. Aber auch eine ganz normale Leiter oder eine Strickleiter können natürlich verwendet werden.

Nach der Montage der Wände muss das Haus noch ein Dach bekommen, denn die Kinder wollen ja nicht im Regen

Noch ein Balkon als Ausguck? Eine Hängebrücke zum Nachbarbaum? Der Fantasie sind keine Grenzen gesetzt.

stehen oder sitzen. Auch hier gibt es viele ganz individuelle Lösungen, die an die Krone des Baumes angepasst werden müssen. Geeignete Materialien sind überlappende Bretter, Holzschindeln oder Wellblech. Achten Sie auch beim Bau des Daches darauf, dass die Rinde der Äste nicht beschädigt wird und das Baumhaus keine Scheuerstellen mit den Ästen aufweist.

5. Richtfest feiern und das Haus beziehen

Keinesfalls vergessen dürfen Sie das Richtfest – eine schöne Belohnung für alle großen und kleinen Bauleute und ein wichtiger Anlass, einander kräftig zu loben und auf die Schultern zu klopfen!

Ihr Haus ist jetzt rundherum dicht, hat einen Einstieg und auch Fenster zum Herausschauen. Was könnte es noch gebrauchen? Einen Balkon? Noch einen zweiten Stock? Eine Hängebrücke zum Nachbarbaum? Setzen Sie Ihrer Fantasie keine Grenzen. Individuelle Konstruktionen zeugen von der Kreativität der Beteiligten. Kinder sind die besten Baumhauskonstrukteurinnen und -konstrukteure. Sobald Sie sich erst einmal an deren spontanere Herangehensweise und manchmal sehr unkonventionelle Bauweisen gewöhnt haben, werden Sie staunen, was alles dabei herauskommen kann.

Ganz wichtig ist (fast) zum Schluss natürlich noch die Einrichtung des Baumhauses. Ein Tisch, zwei Stühle, eine Kiste zum Verstauen von Küchenutensilien, ein Bücherbord, ein paar alte Kissen, schöne Bilder – überlegen Sie gemeinsam mit Ihren Kindern, was sie noch brauchen, um ihr Baumhaus vollends in Besitz zu nehmen und es sich dort so richtig gemütlich zu machen.

Ganz am Ende der großen Bau-Aktion steht dann natürlich noch das Wegräumen der überschüssigen Materialien. Und eine schöne, dicke Fallschutzschicht aus Rindenmulch am Boden ist auch nicht schlecht. Dann fühlen sich alle im Baumhaus umso sicherer und geborgener.

6. Regelmäßige Baumhausinspektion

Nach jedem Winter sollte das Baumhaus auf seine Sicherheit überprüft werden.

Sind die Holzverbindungen noch fest? Gibt es Scheuerstellen zwischen Haus und Baumrinde? Gibt es marode Holzteile durch Witterungseinflüsse? Wie jedes andere Haus braucht auch das Baumhaus Pflege. Nach den entsprechenden Reparaturen ist es dann wieder bereit für die nächste Spielsaison – ein einmaliger Spiel- und Rückzugsort für Groß und Klein, dessen Eigenbau die ganze Familie mit Stolz und Genugtuung erfüllt!

Baumhaus – ohne Baum

Wie schon erwähnt, verfügen nicht alle Gärten über einen ausreichend stabilen Baum. Deshalb brauchen Sie Ihre Baumhauspläne aber nicht gleich ad acta zu legen. Empfehlenswert ist in solchen Fällen ein Haus auf mehreren Stützen, das einem Hochsitz ähnelt. Um auch bei dieser Bauweise die Nähe zum Baum zu erhalten, macht es Sinn, die Konstruktion um einen Baum herum zu errichten. Dieser braucht dann nicht die strengen statischen Anforderungen zu erfüllen wie ein »echter« Baumhausbaum.

Die Stützpfeiler sollten aus einem dauerhaften Holz wie Robinie oder Eiche gefertigt sein. Graben Sie diese

Ist der Baum nicht stabil genug, können auch Stützpfeiler rund um den Stamm errichtet werden. Fast so schön wie ein »echtes« Baumhaus!

etwa 80 Zentimeter tief in den Boden ein. Alternativ dazu können Sie auch ein Betonfundament von 40 × 40 × 60 Zentimeter gießen, in dem ein verzinkter H-Anker eingebaut wird. An diesem Anker werden Ihre Stützen befestigt. Die Stützpfeiler sind dann weniger verwitterungsanfällig.

Die Kanthölzer für die Bodenebene werden mit den Pfosten verschraubt. Die Art dieser Holzverbindung ist bei allen Spielelementen ähnlich. Sie durchbohren den Stützpfeiler und das Kantholz mit einem Schlangenbohrer von 14 Millimeter Durchmesser, nachdem Sie vorher die beiden Holzteile mit Schraubzwingen fixiert haben. In das Bohrloch wird nun eine 14er-Gewindestange hineingesteckt. (Die Länge errechnet sich aus dem Durchmesser der Stützpfeiler, der Dicke der Kanthölzer und 4 Zentimeter Zuschlag für die Sicherungsmuttern.) Auf die Gewindestange werden Sicherungsmuttern geschraubt, die das Kantholz fest mit dem Stützpfosten verbinden. Die Schrauben werden mit einem passenden Schraubenschlüssel fest angezogen. Damit sich niemand an den Schraubenköpfen verletzen kann, werden diese versenkt. Die Versenkung wird mit einem Forstnerbohrer von 25 Millimeter Durchmesser gemacht, bevor dann die 14 Millimeter Bohrung erfolgt (siehe dazu Seite 25). Vielleicht findet sich ja jemand in Ihrem Bekanntenkreis, der das passende Werkzeug hat und Ihnen dabei unter die Arme greifen kann.

Der weitere Aufbau ist dem bei einem »echten« Baumhausbau vergleichbar.

Im Baumhaus leben

Mit dem Bau eines Baumhauses verbindet sich häufig ein ganz besonderes Lebensgefühl: eine besondere Nähe zu den Bäumen als größte Lebewesen unseres Planeten, von denen eine starke Faszination und in der Wahrnehmung vieler Menschen auch eine besondere Kraft ausgeht.

Baumhäuser haben eine lange und interessante Geschichte. Im Südpazifik und in Südostasien dienten sie der Urbevölkerung als Wohnhäuser. Und manche indigenen Stämme in Tasmanien lebten in Baumhäusern »wie riesige Vögel in ihren Nestern«, wie ein prominenter Besucher, der englische Kapitän James Cook, Mitte des 18. Jahrhunderts dem staunenden heimischen Publikum berichtete.

In der westlichen Welt wetteiferten so manche Reiche um den prächtigsten Baumhausbau. Der römische Kaiser Caligula lud zu überbordenden Banketten in einem Riesenbaum, in der Renaissance ließen sich die Medici sogar Baumhäuser aus Marmor errichten, und im England der Tudorzeit dinierte Königin Elizabeth I. in einem Haus in einer ausladenden Linde.

In unserer heutigen Zeit verbinden wir Baumhäuser weniger mit Pracht und Machtentfaltung. Im Gegenteil, an vielen Orten auf der ganzen Welt, an denen Bäume durch geplante Rodungen und Großbaustellen bedroht waren, haben Menschen in jüngst vergangen Jahren immer wieder aus Protest Baumhäuser gebaut, sich in den Kronen ihrer

Schützlinge regelrecht eingenistet und ihr Engagement für Bäume sozusagen ganzheitlich sichtbar gemacht.

Baumhäuser gelten uns heute als Sinnbild für die Verbundenheit mit der Natur und für die Sehnsucht nach einem einfachen, ursprünglichen und abenteuerlichen Leben. Das Angebot an fertigen Baumhäusern ist immens gewachsen und inzwischen gibt es auch eine ganze Reihe ökologisch orientierter Firmen, die sich auf den Baumhausbau nach individuellen Plänen und Wünschen spezialisiert haben. Viele nutzen bevorzugt Recyclingmaterialen, statten ihre Baumhäuser mit Anlagen zum Sammeln von Regenwasser und zur Erzeugung von Strom per Photovoltaik aus und erzielen durch Doppelfenster und umweltfreundliches Dämmmaterial eine beachtliche Energieeffizienz, sodass es sich in solchen Baumhäusern tatsächlich rund ums Jahr wohnen lässt.

Ja, es gibt sogar einen weltweiten Verband (»World Treehouse Association«), ein Netzwerk von Baumhauserbauern, -bewohnern und -erträumern, die sich im US-Bundesstaat Oregon einmal jährlich zu einem Kongress versammeln.

Eine sehr schöne neue Entwicklung sind auch die vielerorts im wahrsten Sinne des Wortes aus dem Boden schießenden Baumhaushotels, die ihren Gästen für eine Nacht, für ein Wochenende oder gar eine ganze Urlaubswoche ein modernes Tarzan-Feeling vermitteln. Ganz in unserer Nähe, im niedersächsischen Solling, haben wir das selbst auch schon ausprobiert. Hier schläft man in den Wipfeln der Bäume, lässt sich von Vogelgezwitscher und den ersten Sonnenstrahlen wecken und hält auf direkter Augenhöhe Zwiesprache mit den Eichhörnchen. Eine Nacht im Baumhaushotel kann ein schöner Auftakt sein für die eigenen Baumhauspläne. Die ideale Lektüre für den Aufenthalt im Baumhaushotel: das Buch »Bäume verstehen« von pala-Autor Peter Wohlleben. So nehmen Sie gleich noch einen schönen Wissensschatz über unsere heimischen Bäume mit nach Hause.

Probieren Sie es aus – näher als in einem Baumhaus können Sie der Natur kaum kommen!

Das Balancierparadies

Bewegung ist eine der wichtigsten Voraussetzungen für die kindliche Entwicklung. Als Kinder noch hauptsächlich in der freien Natur spielten, hat das von ganz allein funktioniert. Jeder Baum wurde erklettert, jeder Baumstamm zum Balancieren genutzt – und das schon bald nach dem Laufenlernen. Es gab draußen so viel zu entdecken, das »Abenteuer pur« rief.

Heute zählt es zu den wichtigsten pädagogischen Aufgaben, die Bewegung der Kinder zu fördern. Das fängt in der Kinderkrippe an und hört in der Schule noch lange nicht auf. Sport nimmt auch für Erwachsene einen hohen Stellenwert ein. Alle Arten von Bewegung fördern die Gesundheit und sind deshalb für eine positive Entwicklung unverzichtbar. Sie trainieren die motorischen Fähigkeiten, schulen den Gleichgewichtssinn, stärken die Muskeln und mobilisieren die Gelenke. Sie ermutigen dazu, sich etwas zuzutrauen und Abenteuer zu erleben. Außerdem sind sie ein guter Ausgleich für das Stillsitzen in der Schule und später im Büro.

Möglichkeiten, elementare Bedürfnisse nach Bewegung in der Natur auszuleben, gibt es in unserer Umwelt – vor allem in der städtisch geprägten – nicht mehr so viele. Sicherlich tragen die Angebote der Sportvereine (Kletterparcours, Wildwasserfahren …) dazu bei, und auch in Schulen und Kindergärten wird mittlerweile viel dafür getan, dass sich Kinder

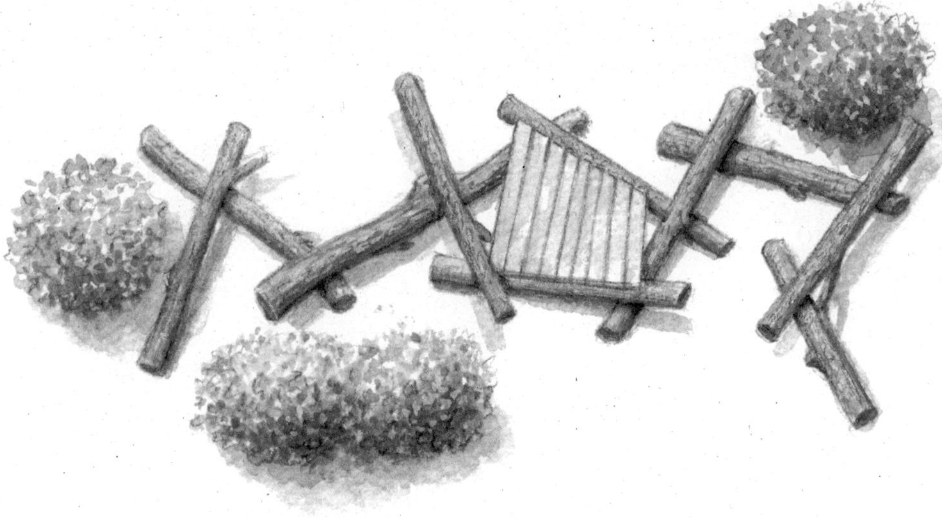

Ein Baumstamm-Mikado bietet viele Möglichkeiten zum Klettern und Balancieren. Das schult den Gleichgewichtssinn, stärkt die Muskeln – und macht Spaß.

im Freien bewegen können (man denke z. B. an die Initiative »Schule in Bewegung«). Darüber hinaus gibt es kommerzielle Angebote wie Hochseilgärten, die sich großer Beliebtheit erfreuen.

Aber auch im privaten Hausgarten besteht durchaus die Möglichkeit, Bewegungselemente zu schaffen. Zur Grundausstattung zählt meistens eine Schaukel, aber auch dazu gibt es reizvolle Varianten. Zum Klettern eignen sich am besten Bäume – vorausgesetzt, es gibt schon einen alt eingewachsenen Garten mit dementsprechend großen Bäumen. Das größte Hindernis beim Klettern ist meist die Angst der Eltern, die ihren Kindern manches nicht zutrauen. Kinder können viel und sie müssen sich ausprobieren. Sie haben auch meist ein feines Gespür dafür, wann es gefährlich wird. Bedenklich sind eher Gefahren, die von den Kindern nicht erkannt werden, z. B. durch bruchgefährdete Äste. Wenn Sie solche Risiken ausschließen und dafür sorgen, dass unter den Kletterbäumen keine harten oder spitzen Gegenstände liegen, sondern im Gegenteil ein weicher Boden als Fallschutz vorhanden ist, haben Sie gute Voraussetzungen geschaffen.

Etwas bodennähere Kletter- und Balanciererlebnisse ermöglicht ein Baumstamm-Mikado, das Sie ganz nach den Bedürfnissen Ihrer Kinder und dem Platzangebot in Ihrem Garten gestalten können.

Balancieren auf dem Baumstamm-Mikado

Ein Baumstamm-Mikado ist eine Ansammlung von 20 bis 30 Zentimeter dicken Stämmen, die miteinander verschraubt werden, sodass eine Kletterlandschaft entsteht. Auch Kronenstücke mit abgehenden Ästen lassen sich sehr gut verwenden. Schon ein einzelner Baumstamm zieht Kinder magisch an. Sie kennen das sicher von Waldspaziergängen mit Ihren Kindern. Sobald ein an den Wegrand gerückter Holzstapel auftaucht, stürzen sich die Kinder darauf, um ihn zu erklimmen.

Wichtig ist, dass die Stämme fest liegen und nicht wegrollen können, weil sonst ein hohes Gefahrenpotential droht. Das gilt auch für Balancierstämme in Ihrem eigenen Garten. Sorgen Sie stets dafür, dass die Stämme gut fixiert sind. Ob die Rinde noch dran ist oder die Stämme geschält sind, spielt keine große Rolle. Die Rinde wird sich mit der Zeit lösen, was aber nicht weiter gefährlich ist, sondern sogar einen positiven Zusatzaspekt bringt: Ihre Kinder können beobachten, wie viel Leben in einem Stück Rinde steckt. Verwenden Sie als Balancier- und Kletterstämme Eichen- oder Robinienholz. Das ist langlebig und deshalb für den Außenbereich gut geeignet.

Das wird gebraucht

Standort und Platzbedarf:

- Der Platzbedarf richtet sich nach Größe und Anzahl der verwendeten Stämme. Sinnvoll ist eine Fläche von 5 × 8 m.
- Um die Stämme herum muss genügend Platz sein für den »Fallraum«.
- Berücksichtigen Sie das Baumstamm-Mikado möglichst schon bei der Gartenplanung.

Materialbedarf:

- Eichen- oder Robinienstämme, gerne auch krumm und verzweigt
- Schrauben, 14er-Gewindestangen (14 mm Durchmesser, M14), Hut-Muttern
- Rindenmulch für eine dicke Fallschutzschicht

Werkzeugbedarf:

- Zurrgurte
- Säge
- Bohrmaschine, Holzbohrer

Arbeitsschritte:

- Fläche abstecken, Baumstämme besorgen.
- Baumstämme positionieren.
- An den Verbindungsstellen die äußere, weiche Holzschicht (den »Splint«) entfernen.
- Verbindungslöcher bohren.
- 14er-Gewindestangen einschieben.
- Stämme verschrauben.

Und so wird's gemacht

1. Platz aussuchen und Stämme besorgen

Der Platz für das Baumstamm-Mikado sollte großzügig bemessen sein. 1 bis 2 Meter sollten ringsherum unbedingt frei bleiben, um dem Bewegungsdrang der Kinder ausreichend Raum zu geben. Außerdem sollte der Boden weich sein und keine Steine oder andere spitze Gegenstände enthalten. Dornige Sträucher in unmittelbarer Nähe gilt es zu vermeiden.

Geeignete Baumstämme bekommen Sie in jeder Försterei. Es gibt so viele Baumkronen, die nicht wirtschaftlich genutzt werden und dann im Wald liegen bleiben (was ökologisch sehr sinnvoll ist) oder aber von Holzwerbern zu Brennholz verarbeitet werden. Auch bei Firmen, die Baumschnitt und Baumpflege anbieten, können Sie nachfragen. Aufwendig ist lediglich der Transport bis zu Ihrem Grundstück, weil dazu ein großer LKW mit Kran benötigt wird. Im ländlichen Bereich geht es manchmal mit einem Frontlader, wenn der Transportweg nicht so weit ist.

Der Transport vom Straßenrand in den Garten ist Handarbeit. Mit mehreren kräftigen und hilfsbereiten Menschen, die Sie zu einer Bauaktion einladen, können Sie dies gut bewerkstelligen. So ähnlich haben das unsere Vorfahren auch gemacht, als es noch keine Maschinen gab. (Heute nennt man es: »Wuppen in Gruppen …«)

Wie oben schon erwähnt, müssen die Stämme so verbaut werden, dass sie stabil fixiert sind und sich nicht bewegen.

2. Stämme fixieren

Bringen Sie die Stämme in die gewünschte Position. An den Stellen, wo zwei Baumstämme miteinander verschraubt werden sollen, entfernen Sie mit einer Säge die äußere Schicht des Holzes – den sogenannten Splint. Dieser ist weicher als der Kern und nicht sehr dauerhaft. Sie müssen die Verbindungsstellen so modellieren, dass die Stämme gut aneinanderpassen und eine schlüssige Verbindung entsteht. Die Stämme werden dann mit Zurrgurten fixiert und mit einem 14 Millimeter dicken Schlangenbohrer durchbohrt. In das Loch wird eine 14er-Gewindestange eingeschoben, auf die dann Hut-Muttern geschraubt werden. Sind die Muttern fest angezogen, sind die Stämme stabil miteinander verbunden.

Werden mehrere Baumstämme auf diese Weise miteinander verbunden, entsteht ein Baumstamm-Mikado. Schön sind alle Formen, auf denen die Kinder mit mehreren Abzweigungen immer wieder neue Runden drehen können. Ausschlaggebend sind natürlich das vorhandene Material und das Platzangebot in Ihrem Garten.

Das Baumstamm-Mikado braucht kein Fundament, da die Stämme durch ihr Eigengewicht fixiert sind. Man muss lediglich gewährleisten, dass die Konstruktion »flach« gebaut wird, damit sie nicht kippen kann.

3. Fallschutz vorsehen

Suchen Sie den Platz am Ende noch einmal weiträumig nach spitzen und harten Gegenständen ab. Als Fallschutz können Sie zwischen den Stämmen und rund um das Baumstamm-Mikado eine dicke Schicht Rindenmulch kippen. Rundkies mit 8 bis 16 Millimeter Körnung ist ebenfalls gut geeignet.

Beträgt die Fallhöhe nicht mehr als 60 Zentimeter, reicht aber meist auch schon ein dicht gewachsener Rasen.

Auch das Podest zwischen den Stämmen werden die Kinder schnell in ihr Spiel einbinden (rettendes Floß, Picknickplatz, Versammlungsort …).

Balancieren auf Gurten

Sehr schöne Bewegungsmöglichkeiten bieten die sogenannten »Slacklines« (übersetzt in etwa »schlappe Seile«).

Der Trendsport soll Anfang der 1980er-Jahre von Freikletterern im Yosemite-Nationalpark in den USA entwickelt worden sein. Weil die Slacklines dem Körpergewicht ständig nachgeben, wird den Balancierern höchste Konzentration und Koordination abverlangt. Da die Beine den Löwenanteil der Ausgleichsarbeit leisten müssen, liegt der Balancepunkt viel tiefer als zum Beispiel bei den eher aufrecht gehenden Zirkusartisten auf einem starren Tanzseil.

Für das Slacklining im eigenen Garten lassen sich sehr gut LKW-Spanngurte verwenden, die man überall bekommen kann. Allerdings braucht man gute Befestigungsmöglichkeiten für die Gurte. Sie müssen ziemlich straff gespannt werden, damit das Balancieren ein Genuss ist. Am ehesten eignen sich größere, kräftige Bäume, an denen die Gurte in einer Höhe von 40 bis 50 Zentimeter über dem Boden angebracht werden. Damit sie nicht gegen die Baumrinde scheuern, müssen die Slacklines genügend gespannt sein.

Falls es auf Ihrem Grundstück an solchen Bäumen mangelt, müssen Sie Haken in Wänden verankern oder ein Punktfundament wie für einen Zaunpfosten herstellen.

Und dann kann es losgehen! Beim Slacklining wird viel gekichert und gelacht. Sie werden sich wundern, wie schwierig es ist, auch nur wenige Meter voranzukommen. Der Schwierigkeitsgrad lässt sich individuell einstellen: Je schlapper das Seil, desto schwerer das Balancieren.

Balancieren auf Seilen – der Niedrigseilgarten

Mensch und Affe haben gemeinsame Vorfahren – das wird immer wieder deutlich, wenn sich Groß und Klein mit wachsendem Vergnügen an Seilen entlanghangeln.

Mit geeigneten Seilen lassen sich schöne Konstruktionen bauen. In der Regel werden dafür Seile verwendet, die auch von Bergsteigern und von Industriekletterern benutzt werden (18 Millimeter dicke »Herkulesseile«). Sie bekommen sie in gut sortierten Sportgeschäften und im einschlägigen Fachhandel. Die Seile haben eine Ummantelung aus Polypropylen, d. h., sie sind wetterfest, verrotten nicht und sie haben eine handfreundliche Oberfläche, damit die Haut nicht aufgescheuert wird.

Auch für einen nicht sehr aufwendigen Seilgarten muss man mit gut 120 Meter Seil rechnen. Für eine einfache Konstruktion, wie in der Abbildung auf dieser Seite dargestellt, spannt man zwei Seile, eines in 20 bis 40 Zentimeter Höhe (ähnlich wie bei der Slackline) und eines in etwa 150 Zentimeter Höhe (sodass die Kinder noch gut mit den Händen drankommen). Die Seile müssen entweder an stabilen Bäumen oder an in den Boden mit Fundamenten senkrecht eingelassenen Robinienstangen befestigt werden.

Eine interessante Variante sind Seile, die in der Mitte starr wie Stäbe und nur an den Enden flexibel sind. Sie werden unter dem Motto »Bauen mit Tauen« angeboten. Damit lassen sich sehr kreative Seilkonstruktionen herstellen.

Zwei Seile, die an Bäumen oder Stangen befestigt werden, laden zum Balancieren und Hangeln ein.

Die wichtigste Voraussetzung für alle Konstruktionen ist eine sichere Befestigung der Seile, die mit Haken an Bäumen, Wänden oder Stützen fixiert werden müssen. Seilmanschetten markieren die Höhe der unteren Seile und verhindern ein Abrutschen. Vorsicht: Unbedingt darauf achten, dass die Seile nicht durchscheuern können. Die Seile dürfen auch nicht zu schlapp sein, damit sich keine Schlaufen bilden können, die unter Umständen eine Strangulierungsgefahr darstellen. Wie der Name »Niedrigseilgarten« schon sagt, sollten die Seile generell auch nicht höher als 1 Meter angebracht werden (Fallhöhe). Wünschenswert ist ein weicher Untergrund (Wiese, Rindenmulch).

Bei der Gestaltung eines abwechslungsreichen Niedrigseilparcours sind der Fantasie keine Grenzen gesetzt. Ideal ist eine Kombination aus Kletter- und Balancieraufgaben, die Mut, Geschicklichkeit und Konzentration, aber auch Kraft, Körperspannung und Gleichgewichtssinn erfordert.

Ein paar andere Beispiele für den Einsatz von Seilen sind:

- Strickleitern, Hängebrücken,
- im Baum hängende Seile mit runden Sitztellern, als Schaukeln oder Aussichtsplätze einfach wunderbar,
- Seilnetze (wie sie auch von Spielgeräte-Anbietern für Spielplätze vertrieben werden),
- Seile zum Balancieren,
- Seile zum Tauziehen.

Tollen mehrere Kinder durch den Seilgarten, werden Sie bald beobachten können, dass hier auch soziale Verhaltensweisen eingeübt werden. Gegenseitige Absprachen, Rücksichtnahmen und Hilfestellungen gehören bald wie selbstverständlich mit zum Spielalltag dazu.

Gleichgewicht schulen mit Spaß – die Schaukel

Das seit jeher bis heute am weitesten verbreitete Spielelement ist die Schaukel. Das ist auch gut so, denn das Schaukeln stärkt den Gleichgewichtssinn der Kinder. Sie lernen, ihr Körpergewicht bewusst zu verlagern und sich mit der Zeit immer harmonischer in die Schaukelbewegung einzufügen. Je nach Lust und Laune können sie sanft oder auch einmal ganz wild schaukeln. Und es macht einfach Spaß, in den Himmel zu fliegen und dabei von der Schaukel und ihrem Gerüst doch immer sicher gehalten zu werden. Meist wird die Schaukel mit Gerüst fertig in den Garten gestellt. Es gibt allerdings auch andere Varianten, die viel spannender sind, so z. B. eine ganz einfache Schaukel mit besonders langen Seilen direkt am Baum.

Wenn in Ihrem Garten ein geeigneter Baum wächst (z. B. eine große Eiche oder Kastanie), suchen Sie sich einen halbwegs waagrechten Ast aus, der mindestens 15 Zentimeter dick sein sollte. Dort können Sie zwei Seile oder auch Ketten anbringen, an deren Enden ein Schaukelbrett angebaut wird. Wegen der besonderen Länge der Seile wird die Schaukelbewegung langsamer und ausladender. Ist der Schaukelplatz dann noch mit einer schönen Aussicht verbunden, scheint man regelrecht in die Landschaft hineinzufliegen – ein wunderbares Gefühl!

Sehr schön sind natürlich auch einzelne, an Baumästen befestigte dicke Seile mit dicken Knoten unten, auf denen man sitzen und sich wie Tarzan auf seiner Liane hin und her schwingen kann.

Bei der Befestigung von Seilen an waagerechten Ästen müssen Sie darauf achten, dass die Rinde des Astes nicht beschädigt wird, indem Sie den Ast z. B. mit Vlies oder breiten Stoffbändern aus Nylon (Zurrgurte für PKW-Anhänger) umwickeln, bevor die Schaukelaufhängung montiert wird. Außerdem muss die Umschlingung alle zwei Jahre gelockert werden, da der Ast wächst und sein Durchmesser größer wird. Zu guter Letzt müssen Sie dafür sorgen, dass die Seile frei schwingen können, ohne von weiter unten wachsenden Ästen behindert zu werden.

Reizvoll sind auch Schaukeln, die nicht an zwei, sondern an vier Seilen befestigt werden. Durch diese Art von Aufhängung wird die Sitzfläche größer, sodass auf ihr auch zu zweit oder zu dritt geschaukelt werden kann.

Wichtig sind natürlich auch zuverlässige Befestigungsmöglichkeiten, z. B. Metallringe mit Schraubhaken und Karabinern. Ist kein geeigneter Baum vorhanden, kann ein Gerüst aus Baumstämmen, die senkrecht in der Erde verankert sind, gebaut werden. An diesem Gerüst werden dann entweder eine Schaukel oder auch andere Seilkletterelemente befestigt.

Die senkrechten Stämme benötigen auch ein Fundament auf einer Fläche von

Schon eine einfache Schaukel macht Kindern Spaß. Noch schöner wird's, wenn das Schaukelbrett an besonders langen Seilen in einem hohen Baum hängt.

60 × 60 Zentimeter und einer Tiefe von 80 Zentimeter. Die an den Enden vom Splint befreiten Stämme werden in die Fundamentlöcher gestellt und mit Latten fixiert. Dann können Sie die Löcher mit erdfeuchtem Beton zugießen, bis etwa 20 Zentimeter unterhalb der Erdoberfläche. Das verbleibende Loch wird mit Kies oder Erde abgedeckt. Das Fundament muss 24 oder besser noch 48 Stunden aushärten.

Weitere schöne Schaukelvarianten:

- Vogelnestschaukeln, die an einem normalen Schaukelgerüst befestigt werden können. Die Schaukel besteht aus einem runden, versteiften Netz, in das sich mehrere Kinder setzen können.

- Hollywoodschaukeln, die in den 1950er-Jahren zu uns kamen und wegen der damals populären Hollywoodfilme, in denen sie häufiger gezeigt wurden, diesen Fernweh erzeugenden Namen bekamen (in den USA kennt man die Bezeichnung nicht, was wir Hollywoodschaukel nennen, heißt dort »porch swing«). Mit ihren dicken, häufig grell geblümten Polstern wurden sie zu einem Symbol des Wirtschaftswunders. Auch wenn sie inzwischen als eher spießig gelten – auf einer Hollywoodschaukel zu liegen und zu schmökern, ist auch für Kinder ein herrlicher Genuss!
- Hängematten, die mit Recht als Krönung der schönsten Gartenstunden gepriesen werden. Knüpfen oder kaufen Sie sich eine schöne Matte und suchen Sie sich zwei passende Bäume, zwischen denen sie hängen kann. (Alternativ kann sie natürlich auch zwischen zwei Pfosten oder einem Baum und einem Pfosten hängen.) Jede Menge Kissen, Spiele, Bücher zum Vorlesen, eine Flasche Saft und leckeren Proviant mitnehmen – und die Zeit vergessen!

Schöne Basteleien

Hängematte

Eine einfache Stoffhängematte können sich schon Kinder ganz fix selbst herstellen.

Alles, was sie dafür brauchen, ist ein großes, sehr stabiles Tuch, z. B. ein altes Laken oder eine alte Tischdecke aus reißfester Baumwolle oder Leinen, und zwei dicke Seile.

An beiden Seiten des Tuches wird ein Knoten gemacht und hinter diesen Knoten ein stabiles Seil mit einem Schlaufenknoten fest vertäut. Dazu das Seil in einer Schlaufe hinter den Stoffknoten legen, die beiden losen Seilenden durch die Schlaufe ziehen und gut festzurren.

Nun die Matte stabil zwischen zwei Bäumen oder Pfosten anbringen, also am besten über einer Astgabel oder einem Querpfosten fest vertäuen. Und schon kann nach Herzenslust geschaukelt werden: »Einsteigen, Türen schließen und Vorsicht bei der Abfahrt!«

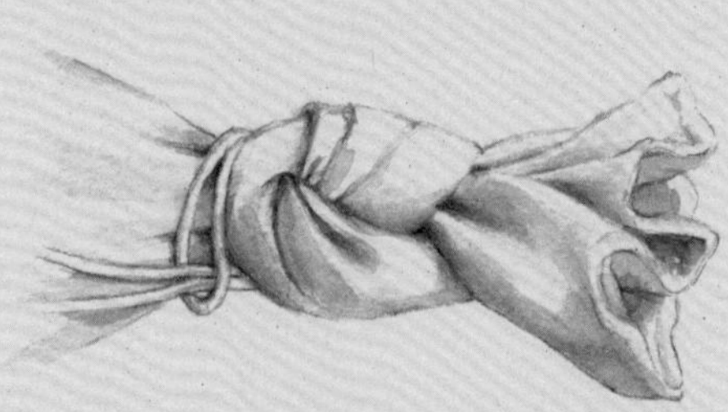

Planungsbeispiele für schöne Spielgärten

Zum Schluss wollen wir Ihnen anhand einiger anschaulicher Beispiele zeigen, wie sich die beschriebenen Spielelemente in Gärten verschiedener Größe und Ausprägung einfügen lassen.

Natürlich sind dies nur Anregungen, aus denen Sie sich ganz nach Ihrem persönlichen Geschmack das für Ihren Garten Passende herauspicken können. Und natürlich haben wir dabei gedanklich aus dem Vollen geschöpft, um Ihnen möglichst viele Spielelemente in einer geeigneten Umgebung zeigen zu können. Denken Sie daran, dass Sie jederzeit auch nur Teile umsetzen können.

Zwar ist es in vielen Fällen vorteilhaft, zukünftige Spielelemente schon bei der Gartenplanung mit zu berücksichtigen, damit man sich keine Möglichkeiten »verbaut«. Trotzdem kann man sich Zeit lassen. Ein Garten entwickelt sich in der Regel nach und nach.

Außerdem sollte die Auswahl der Spielelemente zum Alter der Kinder und zu deren Interessen passen. Manche Kinder sind leidenschaftliche Naturbeobachter, andere toben am liebsten, wieder andere ziehen sich gern in lauschige Spielecken zurück. Kommen Sie diesen Neigungen entgegen, ohne ganz auf neue Angebote zu verzichten, die Ihr Kind auch einmal auf andere Ideen bringen könnten. Unkomplizierte, ohne jeden Druck präsentierte Angebote zum Klettern und Balancieren zum Beispiel könnnen Kindern, die sich erst einmal nicht so viel zutrauen, mit der Zeit Sicherheit und Selbstbewusstsein vermitteln.

Beziehen Sie in alle Überlegungen aber immer auch die Kinder und deren Wünsche selbst mit ein. Alles, was sie mit geplant und im Idealfall auch mit gebaut haben, begreifen Kinder viel eher als »ihrs«. Sie spielen intensiver und ausgiebiger mit den Elementen und laden mit umso größerer Begeisterung ihre Freundinnen und Freunde ein.

Je größer die Identifikation mit Ihrem Garten und seinen naturnahen Spielmöglichkeiten, desto schöner und wir können sagen: »Sie haben Ihr Ziel erreicht!«

Reihenhausgarten (400 m²)

Welches Kind würde wohl nicht gern in einem Haus mit einem so verspielten Garten wohnen? Geheimnisvolle Schleichwege, abgeschiedene Spielbereiche und attraktive Naschplätze machen ihn zu einem Kinderparadies.

Schon der Wackelsteg führt schwungvoll vom seitlichen Garteneingang am Haus vorbei direkt auf die Terrasse mit direktem Zugang zu den weiteren Spielelementen. Sonnengereifte Tomaten und die köstlichen Aromen der Gummibärchenspirale laden schon auf dem Weg zum Genießen ein. Auf der Terrasse lassen sich mit den Blättern und Blüten von der Spirale bunte Blütensuppen rühren und interessante Gewürze für Familiengerichte ernten. Am runden Picknickplatz mit Feuerstelle kann gerastet, gegessen oder gegrillt werden. Zu anderen Zeiten dient er der Freundesclique oder vielleicht auch gleich einem ganzen Indianerstamm als Versammlungsplatz. Etwas ruhiger geht es da schon am Tierbeobachtungsteich zu, in dem sich Kaulquappen und Molche tummeln. Libellen schwirren über die Wasseroberfläche und bei sonnigem Wetter wärmen sich die Eidechsen auf den Steinen der nahen Trockenmauer.

Aus zwei Gemüsebeeten kann direkt von der Hand in den Mund genascht oder für die nächste Mahlzeit geerntet werden. Erdbeeren lassen sich bequem von zwei Seiten pflücken und an einem kleinen Sitzplatz genüsslich verzehren. Wer es noch abgeschiedener mag, zieht sich zum Genießen in den kleinen Naschgarten zurück, über dem im Sommer ein fröhlich bunter Sonnenschirm flattert.

Auf geschwungenen Pfaden gelangt man zum Sandspielplatz. Am Spalier gegenüber reifen köstlich süße Himbeeren und warten auf gierige Kinderhände.

Auf dem direkt dahinter liegenden Spielrasen können sich Klein und Groß verlustieren. Ein schöner Pflaumenbaum trägt im Spätsommer süße Früchte.

Im Kletterwald können sich anschließend alle im Balancieren üben. Im Spielgebüsch in der fernen Gartenecke schließlich entsteht ein Strauchhaus mit geheimen Verstecken. Erwachsene sind nicht erwünscht – hier ist »Kinderschutzgebiet«!

Spielelemente:

1 Wackelsteg mit 3 Bohlen, 12 m lang, verbindet seitlichen Garteneingang und Terrasse.
2 Gummibärchenspirale, 2,5 m Durchmesser, direkt an der Südwand des Hauses.
3 Picknickplatz mit Feuerstelle, 3 m Durchmesser, geeignet für 4 – 6 Personen. Die Randlage macht Absprachen mit den Nachbarn notwendig. Alternativ könnte man ihn mit Naschgarten oder Sandspielplatz tauschen. Da Haus und Gartenhaus nicht weit entfernt sind, sollte die Feuerstelle auch nicht zu groß bemessen sein.
4 Tierbeobachtungsteich, 3 × 4 m, Beobachtungsmöglichkeit auch vom Wohnzimmerfenster aus.
5 Kleiner Naschgarten, umgeben von Beerensträuchern und Gemüsebeeten.
6 Sandspielbereich, 2,5 × 3,5 m.
7 Niedrigseilgarten, mit senkrechten Holzpfosten oder Bäumen.
8 Strauchhaus, 3 × 3 m, mit etwa 10 Sträuchern.

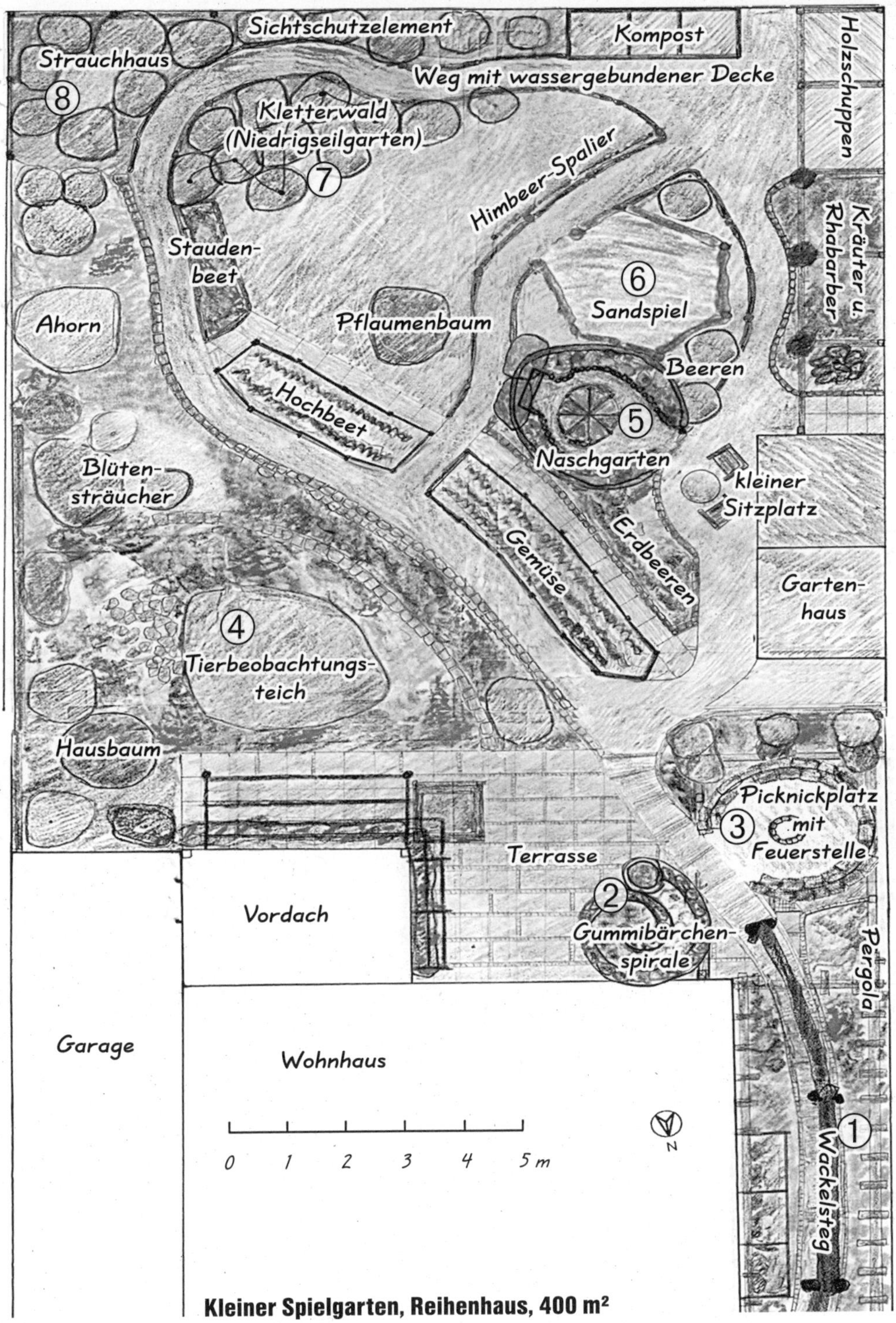

Kleiner Spielgarten, Reihenhaus, 400 m²

Mittelgroßer Stadtgarten ($600\ m^2$)

Ein wunderschöner Stadtgarten mit durchdachter Kreisstruktur.

Direkt in Hausnähe liegt der vom Fenster einsehbare Sandspielbereich, sodass auch kleinere Kinder beim Buddeln und Bauen vom Haus aus beaufsichtigt werden können und sich der Sand bei Bedarf leicht austauschen lässt. Gleich von der Terrasse aus können die Kinder auch in ihren Naschgarten schlüpfen, in dem sie Kräuter, Gemüse und ein paar Lieblingsblumen ziehen können. Eine hübsche Bank lädt zum genüsslichen Verweilen ein.

Ein Kreisplatz für Ballspiele bildet den Mittelpunkt des eigentlichen Gartens, in den zwei einander gegenüberliegende Gänge führen: ein üppig bewachsener Laubengang und ein Zugang zum überdachten Sitzplatz der Familie. Linkerhand liegt der durch einen Flechtzaun gesicherte Tierbeobachtungsteich. Das Gebüsch hinter dem Teich ist als Rückzugsraum für Tiere gedacht, die Findlinge am Teich dienen als Ansitz für Vögel.

Spielspaß ohne Grenzen verspricht die Ritterburg, ein Hügel aus dem Aushub des Teichs mit integriertem Kriechrohr und echtem Wassergraben. Ebenso wie der Bachlauf steht er als Wasserspielplatz zur Verfügung. Bei den Kindern sicher sehr beliebt ist der Abenteuerausguck auf der Spitze des Hügels.

Ein Treffpunkt für die ganze Familie ist der Sitzplatz mit Lehmbackofen. Hier kann mit einem Schwenkgrill gegrillt oder ein ausgiebiges Picknick zelebriert werden. Der Lehmbackofen sollte aus Regenschutzgründen auf jeden Fall überdacht werden.

Auf der anderen Seite des Gartens bilden vier reich tragende Obstbäume den passenden Rahmen für besonders schöne, naturnahe Spielwelten. Zum Baumhaus im alten Hochstamm-Apfelbaum gelangt man über eine Hängebrücke oder eine Strickleiter. Am Stamm des vorderen Apfelbaums und an einem einbetonierten Pfahl ist eine Slackline befestigt, auf der es sich schwungvoll balancieren lässt. Mitten in der Stadt entstehen so naturnahe Erlebnisräume!

Sind die Kinder groß, kann der Spielhügel sehr gut zum Kräuterbeet für kalkliebende Mittelmeerkräuter umgewandelt werden. Der Sandspielplatz wird zum nährstoffarmen Staudenbeet. Hängebrücke und Kletterbrücke lassen sich abbauen und das Baumhaus richten sich die Erwachsenen als gemütlichen Leseplatz ein.

Spielelemente:

1 Sandspielbereich, 3 × 3,5 m.
2 Naschgarten mit integrierter Gummibärchenspirale in Süd-West-Exposition.
3 Tierbeobachtungsteich, 7 × 4 m. Ein Flechtzaun dient der Sicherheit kleiner Kinder.
4 Hügel mit Wassergraben, 7 × 4 m, mit integriertem Kriechrohr (Betonrohr mit einem Durchmesser von 80 – 100 cm).
5 Überdachter Picknickplatz mit Mobiliar und Lehmbackofen.
6 Baumhaus in altem Hochstamm-Apfelbaum, 3 × 3 m Grundfläche, mit Hängebrücke.
7 Niedrigseilgarten mit Slackline.

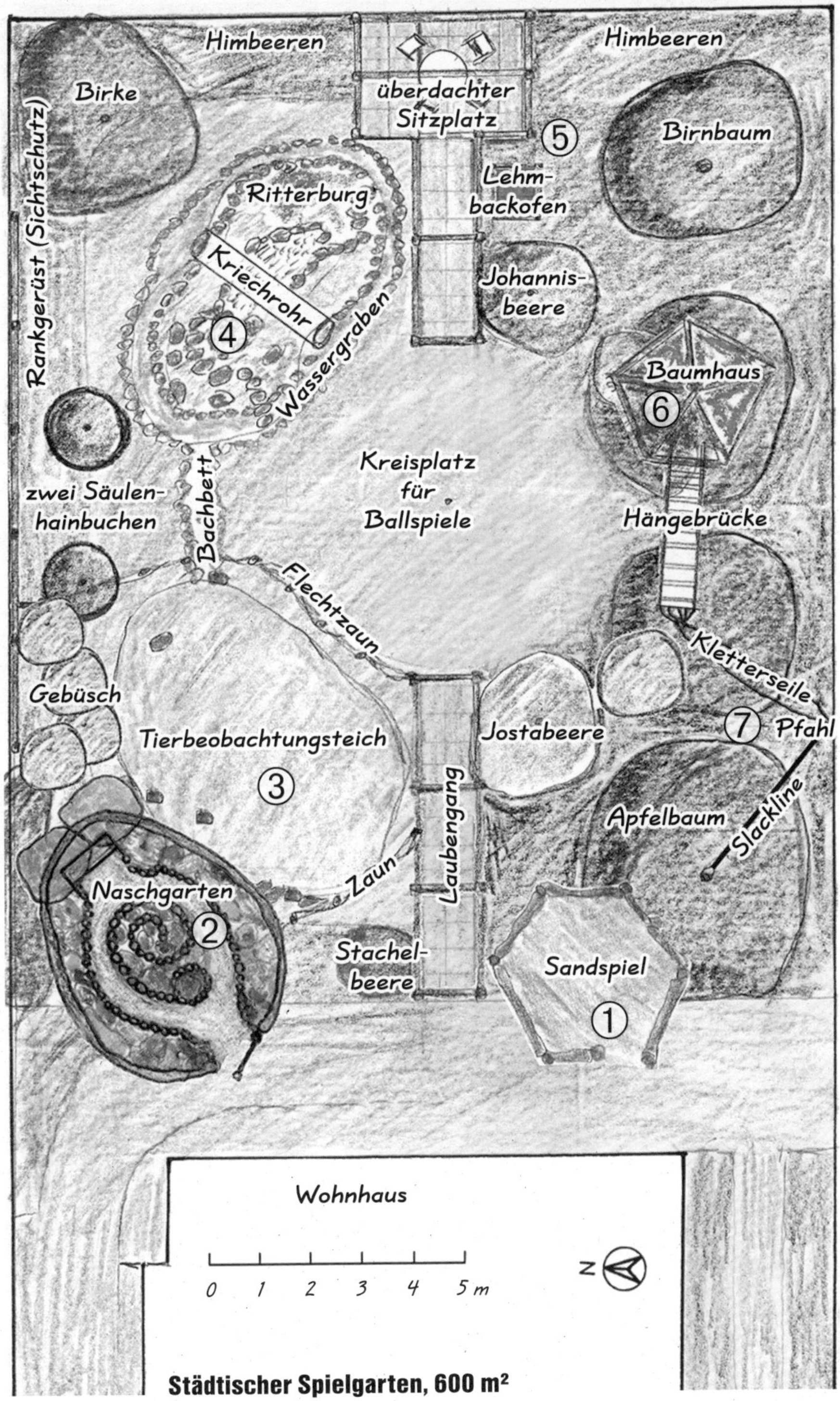

Städtischer Spielgarten, 600 m²

Großer, ländlicher Spielgarten (1200 m²)

Der abwechslungsreiche, ländliche Spielgarten ist ein wahres Eldorado für Kinder. Bei diesem Angebot ist stundenlanger Spielspaß garantiert!

Gleich neben dem Wohnhaus, in einem in sich abgeschlossenen Bereich, ist Platz für kreative Ballspiele, fürs Seilspringen oder für Hula-Hoop. Durch einen schönen Rosenbogen tauchen die Kinder in eine naturnahe Spielwelt mit den verschiedensten Spielelementen ein. Das Spielhaus auf Stelzen dient als Versammlungsplatz, gemütlicher Rückzugsort oder stürmischer Mittelpunkt der verschiedensten Rollenspiele. Auf dem Sandspielplatz kann nach Herzenslust gebuddelt und gebaut werden. Die um verschiedene Küchenkräuter ergänzte, direkt an der Terrasse gelegene Gummibärchenspirale lädt zu den schönsten Dufterlebnissen ein. Hummeln und Schmetterlinge umschwirren die Kräuterblüten und können ausgiebig beobachtet werden. Auf dem vielseitigen Baumstamm-Mikado lässt es sich herrlich klettern und balancieren.

Gleich dahinter lockt der Wasserspielplatz mit vielfältigen Spielvarianten. Ein ganz besonderer Reiz geht von dem fließenden Wasser aus. In dem von einer Pumpe gespeisten künstlichen Bachlauf können Kinder Wasser stauen oder Bötchen fahren lassen. Der Bach fließt in den mit Schwanenblumen, Wasserfedern und Zwergteichrosen bepflanzten Tierbeobachtungsteich, an dem es jeden Tag etwas Neues zu sehen und zu entdecken gibt. Da der Teich in der Mitte einen Meter tief ist, können viele Teichbewohner hier sogar überwintern.

Als gutes Beobachtungsversteck, aber auch als Basislager für Indianer- und andere Rollenspiele, dient das einjährige Feuerbohnentipi. Der aus dem Teichaushub und Steinresten vom Hausbau aufgeschüttete Steinhügel erhöht die Artenvielfalt rund um den Tierbeobachtungsteich. Solange die Kinder klein sind, kann der Teich durch einen Flechtzaun abgesichert werden.

Eine kleine Brücke führt über den Bachlauf in den abgelegeneren Teil des Gartens mit einer schönen Obstwiese, auf der auch eine große Schaukel steht. Natürlich kann auch auf das Gerüst aus Holzstämmen verzichtet und die Schaukel direkt im Baum aufgehängt werden. Ein gemütlicher Anziehungspunkt ist der runde Picknickplatz. Er ist von einem mit Sträuchern bepflanzten Wall umgeben und deshalb besonders windgeschützt. Bei Groß und Klein beliebt ist er auch wegen des reizvollen Sonnenuntergangblickes in die freie Landschaft. Eine

Grillmöglichkeit und ein Lehmbackofen sorgen für abwechslungsreiche Picknickerlebnisse.

Das Strauchhaus in der Ecke des Grundstücks bietet sich als willkommener Rückzugsraum für die Kinder an. Hier können sie ganz ungestört ihren Gedanken und Spielideen nachgehen.

Im von der Garagenwand geschützten Naschgarten schließlich können sie sich in einem Beerenbeet reife Früchte schmecken lassen und in zwei Gemüsebeeten erste gärtnerische Erfahrungen sammeln.

Von aktiv bis passiv – in diesem Garten ist für jedes Kind und für jede Spiellaune etwas Schönes dabei!

Spielelemente, die nicht mehr genutzt werden, können nach und nach verändert oder abgebaut werden. Naschgarten, Kräuterspirale, Tierbeobachtungsteich oder Picknickplatz sind bleibende Elemente, die Erwachsene später für sich umgestalten können. Und dieser Garten ist natürlich später auch ein schönes Paradies für die Enkel …

Spielelemente (siehe Seite 150):

1 Fläche für Ballspiele oder Seilspringen.
2 Spielhaus auf Stelzen, 3 × 3 m Grundfläche.
3 Sandspielplatz, 3 × 3,5 m.
4 Gummibärchenspirale, Durchmesser 2,5 m.
5 Baumstamm-Mikado, 2,5 × 8 m.
6 Wasserspielplatz, etwa 50 m^2.
7 Picknickplatz mit Lehmbackofen.
8 Strauchhaus, etwa 6 × 7 m.
9 Tierbeobachtungsteich, 6 × 7 m, (Flechtzaun oder Staketenzaun ergänzen, wenn die Kinder noch klein sind).
10 Naschgarten, 5 × 8 m.

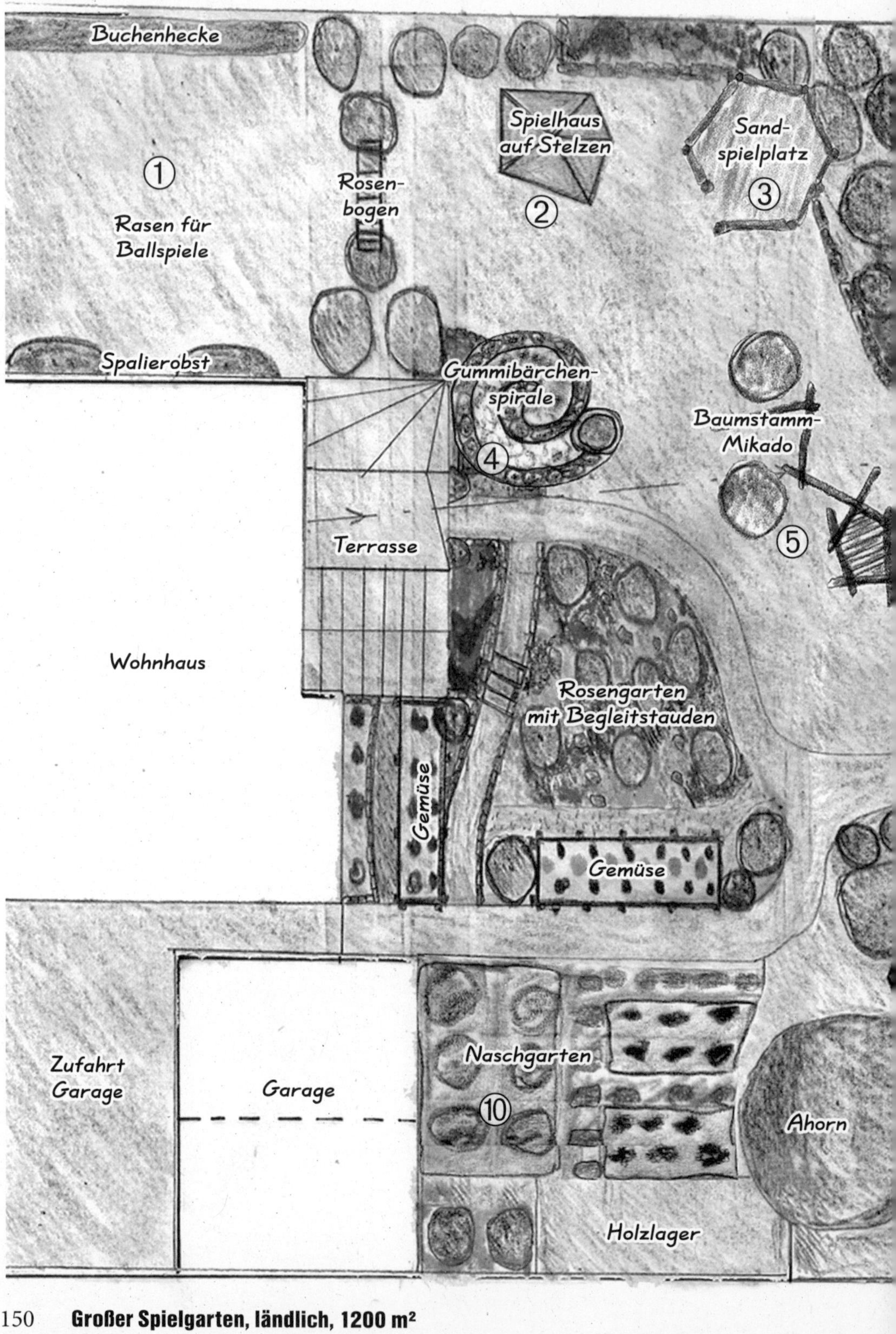

 Großer Spielgarten, ländlich, 1200 m²

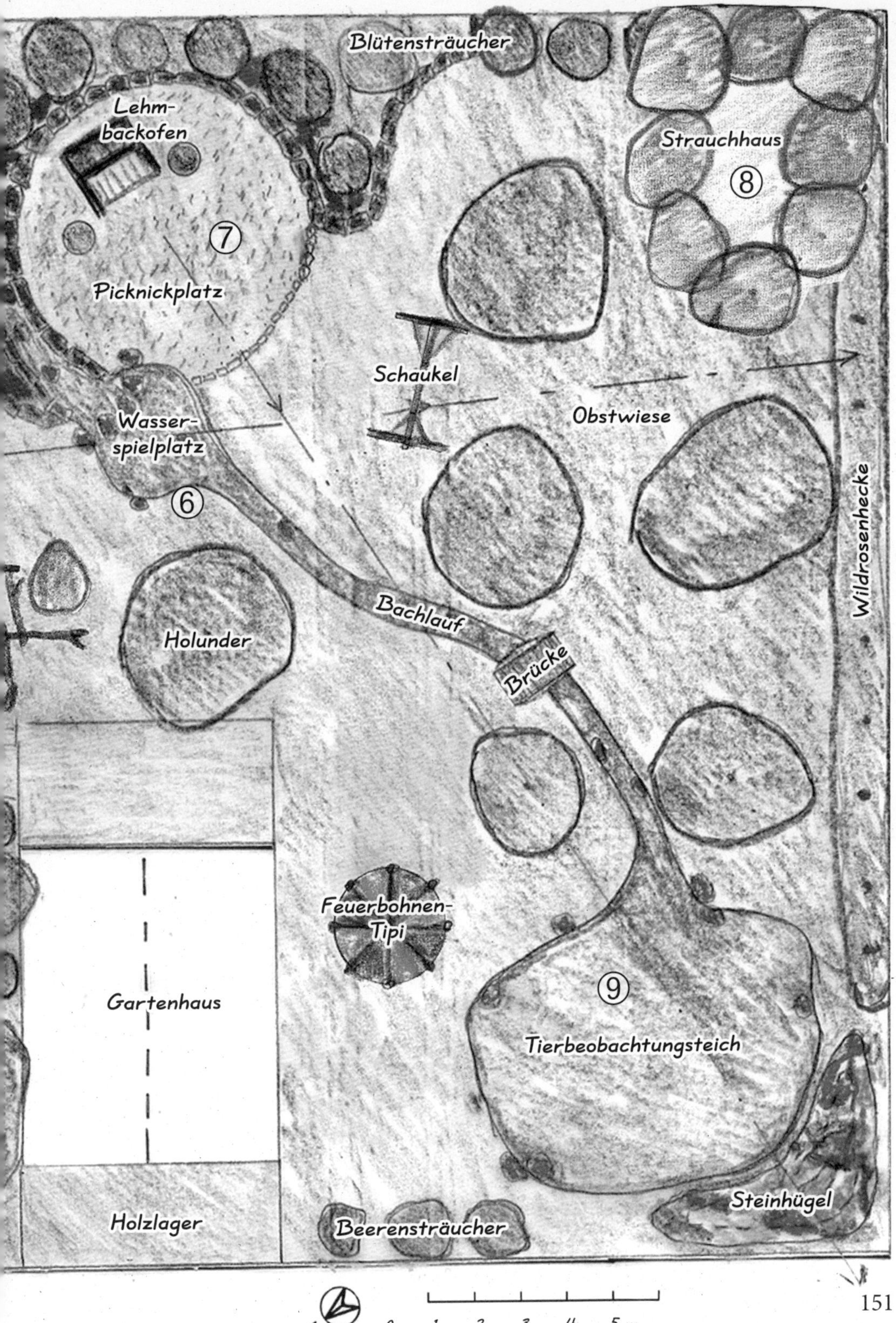
Blütensträucher
Lehm-
backofen
Strauchhaus
8
7
Picknickplatz
Schaukel
Wasser-
spielplatz
Obstwiese
6
Wildrosenhecke
Bachlauf
Holunder
Brücke
Feuerbohnen-
Tipi
Gartenhaus
9
Tierbeobachtungsteich
Steinhügel
Holzlager
Beerensträucher
N
0 1 2 3 4 5 m

Die Autorin

Irmela Erckenbrecht lebt mit ihrer Familie in Nörten-Hardenberg bei Göttingen. Sie ist Autorin folgender Bücher:

- Querbeet – Vegetarisch kochen rund ums Gartenjahr
- Zucchini – Ein Erste-Hilfe-Handbuch für die Ernteschwemme
- Erbsenalarm!
- Auf Veggiekurs durch die Schwangerschaft
- Das vegetarische Baby – Schwangerschaft, Stillzeit, Erstes Lebensjahr
- So schmeckt's Kindern vegetarisch
- Teenager auf Veggiekurs
- Die Kräuterspirale
- Wie baue ich eine Kräuterspirale? *(mit Rainer Lutter)*
- Neue Ideen für die Kräuterspirale *(mit Rainer Lutter)*
- Duftoase Kräuterspirale
- Rosmarin und Pimpinelle – Das Kochbuch zur Kräuterspirale
- Sichtschutz im lebendigen Garten *(mit Rainer Lutter)*
- American Veggie
- Vegane Menüs
- Probier's vegan
- Farbstark mit sevengardens *(mit Peter Reichenbach)*

Zudem übersetzt Irmela Erckenbrecht Sach- und Kinderbücher sowie literarische Werke aus England, Irland und Nordamerika.
Internet: www.erckenbrecht.de

Der Autor

Rainer Lutter lebt mit seiner Frau in Hardegsen bei Göttingen und betreibt seit 1994 das Gartengestaltungsbüro »Wild-Wuchs«. Der Naturgartenexperte berät Gartenbesitzerinnen und Gartenbesitzer in allen Fragen der naturnahen Anlage von Hausgärten.

Er ist Mitglied der Bundesarbeitsgemeinschaft selbstverwalteter Gartenbaubetriebe (www.baseg.org) und setzt sich in der Kommunalpolitik für eine nachhaltige Entwicklung ein.

Bei folgenden pala-Büchern war er als Gartenplaner beteiligt:

- Wie baue ich eine Kräuterspirale?
- Neue Ideen für die Kräuterspirale
- Sichtschutz im lebendigen Garten

Kontakt:
Dipl.-Ing. Rainer Lutter
Schönenbergweg 6
37181 Hardegsen
E-Mail: libomedia@posteo.de

Anhang

Adressen und Bezugsquellen

Gestaltung von naturnahen Spielräumen

Hobelzahngärten
Dorfstraße 13
23992 Lüdersdorf
www.hobelzahngaerten.de

Naturspielraum
Ottersberger Straße 10
28237 Bremen
www.naturspielraum.de

Spielbetrieb
Gütersloher Straße 45
33803 Steinhagen
www.spielbetrieb-spielplatzbau.de

GartenSpielRaum GbR
Alter Schlachthof 25
76131 Karlsruhe
www.gartenspielraum.de

gemeinsam gestalten Spielraumgestaltung
Schwojerstraße 61
82140 Olching
www.gemeinsam-gestalten.de

Naturgarten e. V.
Reuterstraße 157
53113 Bonn
www.naturgarten.org

Rewisa-Netzwerk Österreich
Tulpengasse 8 a
4400 Steyr
www.rewisa-netzwerk.at

Bioterra Schweiz
Scheideggstrasse 73
8038 Zürich
www.bioterra.ch

Stiftung Springzaad Niederlande
www.springzaad.nl

Lehmofenbau

maudesign
Steffen Mau
Gutshaus Garvensdorf e. V.
Garvensdorfer Hofstraße 10
18233 Kirch Mulsow OT Garvensdorf
www.guteshaus.de

Samen, Stauden und Gehölze

herb's
Gärtnerei & Pflanzenversand
Stedinger Weg 16
27801 Dötlingen
www.herb-s.de

Rühlemann's Kräuter & Duftpflanzen
Auf dem Berg 2
27367 Horstedt
www.kraeuter-und-duftpflanzen.de

Bioland Hof Jeebel
Biogartenversand
Jeebel 17
29410 Salzwedel OT Jeebel
www.biogartenversand.de

Lichtenborner Kräuter
Twetgenweg 10
37181 Hardegsen-Lichtenborn
www.lichtenborner-kraeuter.de

Dreschflegel
In der Aue 31
37213 Witzenhausen
www.dreschflegel-saatgut.de

Ahornblatt
Postfach 1125
55001 Mainz
www.ahornblatt-garten.de

Kräuter-und Wildpflanzengärtnerei Strickler
Lochgasse 1
55232 Alzey-Heimersheim
www.gaertnerei-strickler.de

Bingenheimer Saatgut AG
Kronstraße 24
61209 Echzell
www.bingenheimersaatgut.de

Blauetikett-Bornträger
In den Aspen 1
67591 Offstein
www.blauetikett.de

Hof Berg-Garten
Lindenweg 17
79737 Herrischried
www.hof-berggarten.de

Staudengärtnerei Gaißmayer
Jungviehweide 3
89257 Illertissen
www.gaissmayer.de

Grüner Tiger
Fallerstraße 18
82433 Bad Kohlgrub
www.gruenertiger.de

Artemisia
Allgäuer Kräutergarten
Hopfen 29
88167 Stiefenhofen im Allgäu
www.artemisia.de
(kein Versand)

Bio-Saatgut
Gaby Krautkrämer
Weingartenstraße 58
97252 Frickenhausen am Main
www.bio-saatgut.de

Österreich

Wilde Blumen OG
Puchheimer Straße 9
4844 Regau
www.wildeblumen.at

Schweiz

Zollingerbio
Biologische Samengärtnerei
Route de la Praille 20
1897 Les Evouettes
www.zollinger.bio

Biosem
Le Burkli 83
2019 Chambrelien
www.biosem.ch

Sativa Rheinau
Klosterplatz 1
8462 Rheinau
www.sativa-rheinau.ch

Neubauer
Biogärtnerei & Naturgärten
Lenzenhausstrasse 9
8586 Erlen
www.neubauer.ch

Die Wildstaudengärtnerei
Patricia Willi
Neumühle 2
Waldibrücke
6274 Eschenbach
www.wildstauden.ch

Nisthilfen

Manufactum
Hiberniastraße 5
45731 Waltrop
www.manufactum.de

Schwegler Vogel- und Naturschutzprodukte
Heinkelstraße 35
73614 Schorndorf
www.schwegler-natur.de

Keller Biogarten und Gesundheit
Konradstraße 17
79100 Freiburg
www.biokeller.de

Schweiz

Andermatt Biogarten AG
Stahlermatten 6
6146 Grossdietwil
www.biogarten.ch

Teichbau

re-natur
Charles-Roß-Weg 24
24601 Ruhwinkel
www.re-natur.de

Lebensraum Garten

Peter Wohlleben:
Bäume verstehen
ISBN: 978-3-89566-365-9

Irmela Erckenbrecht und Rainer Lutter:
Sichtschutz im lebendigen Garten
ISBN: 978-3-89566-268-3

Uwe Westphal:
Hecken – Lebensräume in Garten und Landschaft
ISBN: 978-3-89566-296-6

Werner David:
Fertig zum Einzug: Nisthilfen für Wildbienen
ISBN: 978-3-89566-358-1

Praxiswissen für den Naturgarten

Ulrike Aufderheide:
Kleiner Garten naturnah
ISBN: 978-3-89566-412-0

Michael Altmoos:
Besonders: Schmetterlinge
ISBN: 978-3-89566-408-3

Werner David:
Lebensraum Totholz
ISBN: 978-3-89566-270-6

Christof Sandt:
Kleine Anleitung zum Gehölzschnitt
ISBN: 978-3-89566-398-7

Andere Bücher aus dem pala-verlag

Uwe Westphal:
Mehr Platz für den Spatz!
ISBN: 978-3-89566-353-6

Irmela Erckenbrecht:
Die Kräuterspirale
ISBN: 978-3-89566-290-4

Ulrike Aufderheide:
Rasen und Wiesen im naturnahen Garten
ISBN: 978-3-89566-274-4

Sigrid Tinz:
Enkeltauglich gärtnern
ISBN: 978-3-89566-399-4

Gesamtverzeichnis bei:
pala-verlag, Am Molkenbrunnen 4, 64287 Darmstadt, www.pala-verlag.de

ISBN: 978-3-89566-313-0

Am Molkenbrunnen 4, 64287 Darmstadt
www.pala-verlag.de
4. aktualisierte Auflage 2021

Umschlag- und Innenillustrationen: Margret Schneevoigt
Gartenpläne (Seite 13, 30, 61, 80, 124, 145, 147 und 150): Rainer Lutter
Bauanleitung Lehmbackofen: Steffen Mau
Lektorat: Barbara Reis

Satz und Gestaltung: Die Werkstatt Medien-Produktion GmbH
www.werkstatt-produktion.de

Druck und Bindung: Beltz Grafische Betriebe GmbH, Bad Langensalza
www.beltz-grafische-betriebe.de
Printed in Germany

Gedruckt auf
100% Recyclingpapier